Intervallfasten für Einsteiger

Mit Intervallfasten gesund und langfristig ohne Diät abnehmen. Inklusive leckerer Rezepte für den leichten Einstieg. (16/8 Fasten, 5:2 Fasten, 24-Stunden-Fasten)

Health Academy

Inhaltsverzeichnis

Einblick in das Fasten

Fasten gilt als Zeit der Enthaltsamkeit. Die Wurzeln liegen in der Religion, wo 40 Tage vor Ostern die christliche Fastenzeit beginnt. Selbst in anderen Religionen und Kulturen ist das Fasten bekannt. So wird im Islam der Ramadan vollzogen, das Pendant zur christlichen Zeit des Fastens.

Doch längst ist Fasten nicht mehr nur ein Ritual mit religiösem Hintergrund. Vielmehr konnte es sich zu einer Heil- und Reinigungsmethode in der alternativen Medizin etablieren. Es soll dazu beitragen, den Körper dauerhaft von Schadstoffen zu befreien, ihm verlorene Energien zurückgeben und die Gesundheit fördern. Ein positiver Nebeneffekt: Kinderleicht können dadurch auch die Pfunde purzeln.

Fasten ist heilsam

Es gibt verschiedene Methoden des Fastens. Für alle gilt, dass sie durchaus heilsam sind. Während des Fastens wird entweder komplett auf feste Nahrung verzichtet oder ihr Verzehr wird deutlich eingeschränkt. Es wird mehr als üblich getrunken, Nährstoffe werden über Flüssigkeiten wie Säfte und Brühen zur Verfügung gestellt. Im Körper können diese wesentlich leichter verwertet werden, zudem tragen sie dazu bei, Giftstoffe auch besser auszuleiten.

Der Körper greift während des Fastens auf alle vorhandenen Nährstoffdepots zu – eingelagerte Fettreserven, Kohlenhydrate sowie Eiweiß aus dem Bindegewebe werden dabei abgebaut. Es kommt zudem zur Entwässerung. Die Energie kann nun auf den Abbau angesammelter Giftstoffe gerichtet werden, denn es werden keine neuen Substanzen zugeführt, die er wieder verdauen muss. Durch das Fasten wird der Körper also gereinigt.

Diese Reinigung und Entgiftung wirkt sich auf den Körper dann oft deutlich aus.

Es zeigt sich meist schnell eine spürbare Verbesserung, die sich wie folgt bemerkbar macht:

- die Haut wirkt wesentlich straffer
- das Immunsystem wird gestärkt
- es stellt sich Gewichtsverlust ein
- die Funktion des Darms kann sich stabilisieren
- Geschmacks- und Geruchssinn werden sensibilisiert
- chronische Beschwerden können gelindert werden
- Blutfettwerte können gesenkt werden
- Bandscheiben sowie Gelenke werden durch den Gewichtsverlust entlastet

Doch nicht nur die physische Seite profitiert vom Fasten. Auch auf psychischer Ebene kann das Fasten sehr heilsam sein. Die meisten Fastenden fühlen sich nach einer kurzen Phase der Überwindung oft wesentlich entspannter und frischer. Dabei wirken sich vor allem Gewichtsverlust oder auch verbesserte Durchblutung positiv auf das allgemeine Wohlbefinden aus. In vielen Erfahrungsberichten wird immer wieder gelesen, dass Fasten zu innerer Ruhe und einem emotionalen Gleichgewicht beitragen kann. Außerdem schüttet der Körper während des Fastens Serotonin aus – das Glückshormon reduziert wiederum die Konzentration des Stresshormons Kortisol, weshalb es meist schon nach etwa drei Tagen zu einem so genannten „Fastenhoch“ kommt.

Das Fasten mit dem Arzt besprechen

Ganz gleich, welche Fastenmethode gewählt wird: Wenn die Erfahrungen darin fehlen oder gesundheitliche Probleme vorliegen, sollte

Fasten nur unter fachkundiger Anleitung erfolgen. Ein Check-up beim Arzt, der vorher durchgeführt wird, ist sehr sinnvoll – auch für Erfahrene.

Inzwischen verfügen viele Ärzte über Kenntnisse zum Fasten und können zahlreiche Tipps und Hilfestellungen geben. Für die Vorbereitung des Fastens kann der Besuch bei einem Fastenarzt durchaus sinnvoll sein. Optional ist auch eine Fastenkur in einer Fastenklinik möglich, wo eine Schritt-für-Schritt-Anleitung durch erfahrenes Klinikpersonal gegeben werden kann.

Die Fastenmethoden

Beim Fasten gibt es verschiedenste Methoden, die sich hinsichtlich ihrer Durchführung und auch Dauer voneinander unterscheiden.

1. Heilfasten nach Buchinger

In der traditionellen Methode des „Heilfastens nach Buchinger" wird sämtliche feste Nahrung aus dem Ernährungsplan gestrichen. Heilfasten nach Buchinger beruht auf der konsequenten Zufuhr von Flüssigkeit und gilt als am weitesten verbreitete Methode.

2. Basen-Fasten

Wie es der Name schon verrät, werden dem Körper bei dieser Fastenmethode nur basische Stoffe zugeführt. Hierzu gehören natürliche Produkte wie Salat, Gemüse, Obst sowie Hülsenfrüchte. Auf feste Nahrung wird nicht verzichtet, es sollten aber täglich mindestens drei Liter Wasser getrunken werden.

3. Intervallfasten

Bei Intervallfasten (auch als intermittierendes Fasten bezeichnet) erfolgen Wechsel zwischen einer Periode der normalen Nahrungsaufnahme und einer Periode des Fastens. Es gibt verschiedene Konzepte des Intervallfastens, sodass der Rhythmus variieren kann.

4. Die Schrothkur

Bei der Schrothkur werden täglich maximal 700 Kalorien zugeführt. Erlaubt ist fettfreie und Salz arme Nahrung. Geprägt ist die Schrothkur durch sogenannte Wasserfluktuationen, bei denen ein wasserarmer Tag mit höchstens einem Liter Flüssigkeit ein wasserreicher Tag mit drei Liter Flüssigkeit folgt.

5. Molke-Fasten

Der Name verrät bereits den Ablauf des Fastens: Es wird keine feste Nahrung verzehrt, lediglich Molke und andere Flüssigkeiten nehmen Fastende zu sich.

Fasten aufgrund von religiöser Motivation

Tage oder Zeiten des Fastens sind in vielen Religionen und Kulturen bekannt. Das Fasten wurde bereits im alten Ägypten durchgeführt, wobei hier beispielsweise auf Fischgerichte während der Zeit des Laichens verzichtet wurde. Die ägyptischen Kopten übernahmen einst die 40-tägige Fastenzeit vor Ostern von ihren Vorfahren. Doch auch in den Kulturen Ostasiens sowie im Hinduismus spielt die Enthaltsamkeit eine wichtige Rolle. Zahlreiche Kulturen erachten das Fasten als wichtig und führen es entsprechend ihren Bräuchen durch.

Fasten im Christentum

Im Christentum ist vor allem die 40-tägige Fastenzeit zur Vorbereitung auf das Osterfest bekannt. In den 40 Tagen soll daran erinnert werden, dass Jesus Christus diese Zeit sowohl fastend als auch betend in der Wüste verbrachte. Verbunden ist das Fasten dabei mit dem bewussten Verzicht auf bestimmte Nahrungsmittel mit tierischem Ursprung. Ein kompletter Verzicht auf Nahrung ist dabei nicht vorgesehen. In den Hintergrund tritt dabei das Fasten in der Adventszeit sowie bei anderen Kirchenfesten wie Mariä Himmelfahrt.

In der Praxis kristallisierte sich immer stärker heraus, dass das Fasten an zwei Tagen pro Woche (Mittwoch und Freitag) durchgeführt wurde. Schon im frühen Christentum fasteten die Katechumenen vor der Taufe, später dann auch vor einigen Hochfesten.

In seiner Bergpredigt rief Jesus Christus seinerzeit mit folgenden Worten dazu auf, während des Fastens Demut zu üben: „Wenn ihr fastet, macht kein finsteres Gesicht wie die Heuchler. Sie geben sich ein trübseliges Aussehen, damit die Leute merken, dass sie fasten. Amen, das sage ich euch: Sie haben ihren Lohn bereits erhalten. Du aber salbest dein Haar, wenn du fastest, und wasche dein Gesicht, damit die Leute nicht merken, dass du fastest, sondern nur dein Vater, der auch das Verborgene sieht, und dein Vater, der das Verborgene sieht, wir es dir vergelten." (Quelle: Mt 6, 16 – 18)

Fasten im Judentum

Der Versöhnungstag „Jom Kippur" ist der einzige jüdische Ruhe- sowie Fastentag, der in der Tora erwähnt wird. Der Tag wird als 25-stündiger Fastentag vollzogen, der von Sonnenuntergang bis Einbruch der Nacht (ungefähr eine Stunde nach dem Untergang der Sonne), ohne die Aufnahme von Nahrung in fester oder flüssiger Form stattfindet. Das von Gott auserwählte Volk wird dabei von ihm aufgefordert, sein ewiges Gesetz des Fasten- und Ruhetages einzuhalten:

„Ferner sprach der Ewige zu Mosche wie folgt: Hingegen am zehnten Tage dieses siebten Monats – es ist der Versöhnungstag – sollt ihr eine heilige Festverkündigung und einen Fasttag halten, auch ein Feueropfer dem Ewigen zu Ehren darbringen. An diesem Tage sollt ihr keinerlei Kunstarbeit verrichten, denn es ist der Versöhnungstag, an welchem ihr versöhnt werdet vor dem Ewigen eurem Gott. Denn jede Person, welche an diesem Tage nicht fastet, soll aus ihrer Nation ausgerottet werden. Und eine jede Person, die an eben diesem Tage irgendeine Kunstarbeit verrichtet, dieselbe Person will ich aus ihrer Nation vertilgen. Gar keinerlei Kunstarbeit sollt ihr an demselben tun.

Dies sei ein ewiges Gesetz an allen euren Wohnplätzen. Es sei euch ein großer Ruhetag und ihr sollt fasten. Am Neunten des Monats sollt ihr des Abends anfangen und von Abend bis Abend euren Ruhetag halten.“ (Quelle: Emor, Wajikra 23:26-32)

Im Alten Testament wird mehrfach davon berichtet, dass es sich beim Fasten auch um ein Zeichen der Trauer handle. Der Ernst eines Gebetes soll ebenfalls damit betont werden. Einst fastete auch König David, weil einer seiner Söhne todkrank war.

Entsprechend der überlieferten rabbinischen Tradition kennt das Judentum noch weitere Tage des Fastens. An diesen wird dann für 24 oder auch 25 Stunden auf jegliche Nahrung verzichtet. Es handelt sich dabei um Ereignisse wie die Zerstörung des Tempels in Jerusalem, an denen vor allem orthodoxe und ultraorthodoxe Juden fasten.

Fasten im Islam

Das Fasten (Saum) gilt im Islam als eine der sogenannten „fünf Säulen“. Im Monat Ramadan besteht für jeden Menschen, der im vollen Besitz seiner geistigen Kräfte ist, die Pflicht, von der Morgendämmerung bis zum Zeitpunkt des Sonnenuntergangs keinerlei Substanzen aufzunehmen. Ausnahmen gelten für Frauen während der Menstruation oder nach der Geburt eines Kindes, nicht volljährige Kinder sowie Menschen mit körperlichen Beschwerden und Reisende. Der Verzehr von Speisen und Getränken sowie das Rauchen sind in dieser Zeit nicht gestattet.

Fasten im Hinduismus

In vielen Fällen verzichten religiöse Hindus entweder vollständig oder auch zeitweise auf bestimmte Lebensmittel. Dies kann auf unterschiedlichen Familienbräuchen oder aber auch auf Vorgaben des Gurus oder aus politischen Gründen der Fall sein. Gefastet wird hier beispielsweise auch zu bestimmten Mondkonstellationen, an Feiertagen oder auch an persönlich festgelegten Zeiten.

Fasten im Bahaitum

Wie in vielen anderen Religionen auch werden während des Fastens im Bahaitum keine Nahrung und Flüssigkeit eingenommen. Nach Aufgang der Sonne beginnt die Fastenzeit, mit dem Untergang der Sonne endet sie. Je nach Sonnenstand beginnt die Fastenzeit am 1., 2. oder auch 3. März und endet 19 Tage später unmittelbar vor der Tag-Nacht-Gleiche im März (astronomischer Frühlingsanfang). Mit dem Ende des Fastenmonats wird das sogenannte Nouruz-Fest gefeiert. Vom Fasten ausgenommen sind Menschen, die durch Krankheit oder Alter geschwächt sind.

Sinn und Zweck des Fastens sehen die Anhänger des Bahaitums auf geistiger Ebene. Gefastet werden soll hier aus Liebe zur Schönheit von Gott und seiner Propheten. Außerdem soll während der Zeit des Fastens der Tatsache gedacht werden, dass auch die Propheten einst während der göttlichen Eingebung gefastet hatten. Die Geistigkeit zu steigern und den Einfluss des niederen Selbst zu reduzieren, soll im Bahaitum die Weisheit des Fastengebots widerspiegeln.

Wir möchten uns nun eingehender mit dem **Intervallfasten** beschäftigen.

Intervallfasten

Intervallfasten – was ist das eigentlich?

Sogenannte Gewichtsreduktionsdiäten sind meist nicht wirklich nachhaltig. Es kommt so gut wie immer zu einem Rückfall in die alten Ernährungsgewohnheiten und der gefürchtete Jo-Jo-Effekt tritt ein. Mitunter auch so stark, dass das Gewicht über das Ausgangsgewicht vor der Diät hinausgeht. Bestimmte Ernährungsweisen gewinnen deshalb immer mehr an Bedeutung.

Dazu gehört auch das Intervallfasten. Es handelt sich dabei nämlich nicht um eine Diät im klassischen Sinn. Vorschriften, was gegessen werden darf und was nicht, gibt es nicht. Vielmehr regelt Intervallfasten die Zeiten des Essens.

Beim Intervallfasten wird bewusst in einem bestimmten Zeitraum gefastet, es darf nur zu bestimmten Tageszeiten gegessen werden. Dabei dauert die Fastenperiode natürlich länger als der Zeitraum, in dem Nahrung aufgenommen werden darf. Somit ist diese Form des Fastens streng von anderen Diätkonzepten wie

- Nulldiäten (vollständiger Verzicht auf Nahrungsaufnahme)
- modifiziertes Fasten (Nährstoffe werden in einer Mindestmenge aufgenommen)
- Heilfasten (lediglich Aufnahme von Wasser, Tee, Brühen und Molke) abzugrenzen.

Intervallfasten kann dabei zu einer Gewichtsreduktion führen, ohne dass gehungert werden muss. Es gesellen sich zudem positive Effekte auf die Gesundheit hinzu.

Eigentlich ist Intervallfasten die ursprünglichste Form der Ernährung beim Menschen. Nicht immer war es so einfach wie heute, an Lebensmittel zu kommen. Unsere Vorfahren, welche Jäger und Sammler waren, mussten auf ein sehr beschränktes Nahrungsangebot zurückgreifen. Das Frühstück vom Bäcker, das Mittagessen beim Imbiss – all das gab es früher nicht. Sie ernährten sich somit nach dem Prinzip des Intervallfastens. Denn nicht bei jeder Jagd waren sie erfolgreich – es blieb ihnen oft nichts anderes übrig, als manchmal für mehrere Stunden oder auch Tage zu fasten.

Und auch, wenn wir nicht mehr in der Steinzeit leben und es Nahrung im Überfluss gibt: Die Evolution ist langsam. Der menschliche Körper ist noch immer der Gleiche, wie in der Steinzeit. Es herrscht lediglich ein Nahrungsüberangebot, das wir Menschen nur zu einem Bruchteil nutzen.

So ist Intervallfasten aufgebaut

Beim Intervallfasten richten sich die Nahrungspausen nach dem gewählten Modell. Von Fasten an jedem zweiten Tag bis Fasten für 16 Stunden täglich gibt es verschiedene Möglichkeiten.

Angesichts der zahlreichen Modelle, die das Intervallfasten bereithält, kann es von vielen Menschen individuell genutzt werden – eben so, dass es auf die persönlichen Bedürfnisse zugeschnitten ist.

Entscheidend ist für die Fastenzeit, dass in dieser nur Flüssigkeiten wie Wasser, ungesüßter Tee und schwarzer Tee sowie kleine nährstoffreiche und kohlenhydratarme Fastenmahlzeiten verzehrt werden. Intervallfasten ist dabei sehr einfach, denn Kalorienzählen entfällt und niemand muss sich an komplizierte Regeln halten.

Während des Intervallfastens ist eine gesunde, ausgewogene Ernährung wichtig. Auch mit vegetarischer und veganer Ernährung lässt sich die Fastenmethode kombinieren.

Welche Auswirkungen bringt Intervallfasten mit sich?

Über einen bestimmten Zeitraum fasten und dann wieder schlemmen – der Trend zum Intervallfasten wird immer größer. Für diesen regelrechten Hype sind die Versprechen in Bezug auf die gesundheitlichen Auswirkungen durchaus groß. Doch treffen diese tatsächlich zu?

Auswirkung von Intervallfasten auf das Körpergewicht

Der menschliche Körper kann problemlos längere Perioden von Hunger überstehen. Gerade in früheren Zeiten war der Zugang zu Nahrung nicht kontinuierlich möglich. Beim Intervallfasten wird die Kalorienzufuhr in bestimmten Zeiträumen gedrosselt. Das führt dazu, dass der Jo-Jo-Effekt ausbleibt.

Durch die längeren Pausen wird der Körper lediglich dazu angeregt, seine Reserven anzugreifen. Nachdem das in Leber und Muskeln gespeicherte Glykogen abgebaut ist, geht es dann auch an die Fettreserven. Im Rahmen von Tierversuchen konnte sich bereits zeigen, dass der Stoffwechsel durch das Intervallfasten so flexibel wird, dass er schneller zwischen Fett- und Kohlenhydratverbrennung wechseln kann. Deshalb kann der Gewichtsverlust beim Intervallfasten durchaus mit der Gewichtsreduktion bei traditionellen, kalorienreduzierten Diäten verglichen werden. Verglichen mit traditionellen Diäten ist zudem der Verlust an Fettmasse deutlich höher. Es zeigt sich somit ein Gewichtsverlust, der durchaus nachhaltig ist.

Auswirkungen von Intervallfasten auf den Alterungsprozess

Auch wenn das Ausmaß sowie die Geschwindigkeit des Eintretens von Alterserscheinungen genetisch bedingt sind, können regelmäßige Fastenphasen zu einer Verlangsamung der Alterung beitragen. Durch das Fasten werden sogenannte „verschleißfördernde Substanzen“ reduziert.

In wissenschaftlichen Untersuchungen zeigt sich, dass die Autophagie – ein Prozess der zellulären Selbstreinigung – aufgrund des Energiemangels während des Fastens dazu beitragen kann, dass Zellen auch schädliche Stoffwechselprodukte sowie Zellbestandteile abbauen, welche mit steigendem Alter mehr werden und den Alterungsprozess begünstigen. Auch wurde deutlich, dass oxidativer Stress, der mit einer Zellalterung in Verbindung gebracht wird, durch Fasten scheinbar verringert werden kann.

Auswirkungen von Intervallfasten auf den Stoffwechsel

In Tierversuchen zeigte sich, dass Intervallfasten die Entstehung von Diabetes scheinbar verhindern kann. Das liegt an der Senkung der Leberfette, welche für die Förderung von Insulinresistenz verantwortlich zu sein scheinen.

Die als winzige Fetttröpfchen in der Leber vorkommenden Fette sind dort mit unterschiedlichsten Proteinen verbunden. Ist diese Zusammensetzung ungünstig, kann es zu erhöhten Mengen an freien toxischen Lipidzwischenprodukten kommen und gleichzeitig sinkt die metabolische Flexibilität. Durch Intervallfasten verändert sich sehr wahrscheinlich die Größe und auch Zusammensetzung der Fetttröpfchen und Proteine.

Die Untersuchungen, die an Mäusen vorgenommen wurden, zeigten, dass Intervall fastende Mäuse einen deutlich geringeren Diacylglyceringehalt in der Leber aufwiesen als Mäuse, welche einer kalorienreduzierten Diät unterzogen wurden. In den Tiermodellen zeigte sich zudem, dass intermittierendes Fasten den Fettstoffwechsel positiv verändern kann, indem es das viszerale Fett verringert und so zu einer Erhöhung der Widerstandsfähigkeit gegenüber Stress führt. Noch sind Studien am Menschen begrenzt, aber auch hier kann eine Verbesserung des Lipidprofils beobachtet werden. Außerdem sinken Entzündungsantworten und es kommt zu weniger oxidativem Stress. Es kann aber anhand der bisherigen Erkenntnisse gesagt werden, dass es durch Intervallfasten zu einer erhöhten Flexibilität des Stoffwechsels kommt, was wiederum bestimmte Erkrankungen wie Diabetes oder Bluthochdruck verhindern kann.

Intervallfasten auch bei Stars beliebt

Viele Trends werden auch von Stars und Sternchen genutzt, um die Gesundheit positiv zu beeinflussen. So konnten mit Intervallfasten auch schon einige prominente Menschen ihr Körpergewicht reduzieren.

Zu ihnen zählen:

- Beyoncé
- Ben Affleeck
- Jennifer Aniston
- Kate Hudson
- Liv Tyler

Und auch ein deutscher Promi konnte dank Intervallfasten zehn Kilogramm abnehmen: Dr. Eckart von Hirschhausen.

Die Vor- und Nachteile von Intervallfasten

Zum Thema „Intervallfasten“ gibt es mittlerweile schon einige Studien, welche Hinweise darauf liefern, wie es sich auf die Gesundheit auswirkt. Noch sind die Forschungen in Bezug auf die konkrete Wirkung auf den Organismus des Menschen nicht abgeschlossen, in Tierversuchen zeigen sich aber immer wieder Erfolge.

Wie bei jeder Diät oder auch Ernährungsweise gibt es auch beim Intervallfasten bestimmte Vor- und auch Nachteile.

Vorteile des Intervallfastens:

Zunächst lässt sich natürlich sagen, dass Intervallfasten sich hervorragend in den Alltag integrieren lässt, denn es müssen keine speziellen Gerichte gekocht werden. So bleibt eine ausreichende Nährstoffversorgung gewährleistet. Es muss beim Intervallfasten nicht verzichtet werden, sodass Heißhungerattacken ausbleiben.

Zudem zeigen sich auf den Organismus folgende durchaus positive Auswirkungen:

- Verbesserung der Blutfettwerte
- Verringerung des Entzündungsrisikos
- Vorbeugung von Diabetes Typ 2
- Verbesserung der Regeneration der Zellen
- Normalisierung der Cholesterinwerte
- Vorbeugung einer Fettleber
- Vorbeugung von Bluthochdruck

Neben den gesundheitlichen Vorteilen kann Intervallfasten dazu beitragen, ein neues Gefühl für das Essen und die Portionen zu bekommen. Es wird einfacher, ungünstige Essgewohnheiten abzulegen, wenngleich diese sich zunächst nicht immer automatisch ändern dürften. Dennoch können damit Ziele wie die Reduzierung von Körpergewicht umgesetzt werden, ohne dabei seinen individuellen Tagesrhythmus deutlich zu verändern.

Nachteile von Intervallfasten:

Wo es Vorteile gibt, sind Nachteile oft nicht weit. Und so ist das durchaus auch beim Intervallfasten. Bedacht werden sollte dabei, dass die möglichen Vorteile vermutlich überwiegen werden, denn die Nachteile sind nicht immer von Dauer.

Typischerweise kann es vor allem zu Beginn des Fastens zu Abgeschlagenheit und einem Hungergefühl kommen. Dies ist aber meist nur in der Gewöhnungsphase der Fall und erweist sich selten als dauerhaftes Problem. Sobald der Körper sich an das Intervallfasten gewöhnt hat, dürften beide Probleme behoben sein. Immerhin lernt der Körper mit der Zeit, von den vorhandenen Reserven in Form von Körperfett leben zu können.

Kurzfristig können außerdem Nebenwirkungen wie Kopfschmerzen, leichte Übelkeit oder auch Mundgeruch auftreten. Auch diese dürften nach einer gewissen Eingewöhnung selbst limitierend sein. Kopfschmerzen sind dabei meist ein Zeichen von Flüssigkeitsmangel.

Klassische Begleiterscheinungen, die vor allem bei längeren Fastenperioden auftreten, können jedoch Müdigkeit, Blutdruck- und Blutzuckerabfall oder auch Schwindelanfälle sein.

Auch die Gefahr, ungesunde Lebensmittel zu sich zu nehmen, ist erhöht. Das Problem: Oft wird beim Intervallfasten suggeriert, bei den

Mahlzeiten bestehe während der erlaubten Zeiten völlig freie Wahl. Allerdings bedeutet das nicht, dass die Lebensmittel dann auch „gesund“ sind. Wer in den Zeiten der Nahrungsaufnahme zu Fast Food greift, riskiert eine sehr einseitige Ernährung. Diese wiederum kann sich negativ auf die Gesundheit auswirken. Wichtig ist also auch beim Intervallfasten, sich bewusst und vor allem ausgewogen und nährstoffreich zu ernähren.

Die Methoden des Intervallfastens

Intervallfasten lässt sich dank verschiedenster Methoden gut in den Alltag integrieren. Der Vorteil: Die einzelnen Methoden sind so individuell, dass sie sich an die persönlichen Gewohnheiten anpassen lassen.

16/8-Fasten

Die 16/8-Methode ist unter den verschiedenen Möglichkeiten des Intervallfastens wohl die Methode, die für eigentlich alle Zielgruppen geeignet ist. Sie lässt sich optimal in den Alltag einbauen und sollte vor allem für den Einstieg gewählt werden.

Beim 16/8-Fasten wird in einem Zeitrahmen von 16 Stunden keine Nahrung eingenommen, in den darauffolgenden acht Stunden ist essen erlaubt.

Für den Anfang scheinen 16 Stunden wirklich lange zu klingen. Doch eigentlich ist diese Methode des Intervallfastens gar nicht so schwer, wie vermutet. Denn die 16-stündige Zeit des Fastens kann auch die Nacht einschließen.

Es ist eigentlich recht einfach erklärbar: Wer morgens um 7 Uhr aufsteht und auf sein Frühstück verzichtet, kann mittags um 12 Uhr die erste Mahlzeit einnehmen und ab dieser Zeit für ein Zeitfenster von acht Stunden nach Lust und Laune essen – natürlich gesund und ausgewogen. Idealerweise wird die letzte Mahlzeit dann spätestens um 20 Uhr eingenommen. Am nächsten Tag beginnt dieser Rhythmus von vorn. Es wird also vereinfacht ausgedrückt nur auf das Frühstück verzichtet, wenn die 16/8-Methode zur Anwendung kommt.

<u>Die 16/8-Methode gilt als gesund</u>

Wie bereits erwähnt, lässt sich die 16/8-Methode hervorragend in den Alltag integrieren. Darüber hinaus sind die positiven Effekte auf Gesundheit und auch Fitness nicht von der Hand zu weisen. Durch Intervallfasten mit dieser Methode können sich folgende Vorteile erzielen lassen:

- langfristige Reduzierung von Körpergewicht
- Verbesserung des Blutdrucks
- Senkung der Blutzuckerwerte
- Erhöhung der Konzentration
- effiziente Verbrennung von Fett
- aufgrund der gesteigerten Growth-Hormon-Synthese besserer Muskelaufbau
- Verbesserung der körpereigenen Abwehrkräfte
- aufgrund der verbesserten Zellregeneration niedrigeres Krankheitsrisiko
- Vorbeugung und möglicherweise auch Bekämpfung von Erkrankungen wie Diabetes, Rheuma und Demenz

16/8-Intervallfasten eignet sich vor allem gut für die Gewichtsreduktion. Das verkürzte Zeitfenster für die Nahrungsaufnahme trägt dazu bei, automatisch in ein Kaloriendefizit zu gelangen.

Unerheblich ist bei der 16/8-Methode, auf welche Uhrzeiten das Zeitfenster für die Nahrungsaufnahme gelegt wird. Entscheidend ist lediglich, dass dieser Zeitrahmen über eine längere Dauer eingehalten wird und nicht täglich wechselt. Es ist also auch möglich, die abendliche Mahlzeit wegzulassen und stattdessen zu frühstücken – eben ganz so, wie es in den persönlichen Tagesablauf passt. Es lässt sich zudem

Erfahrungen zufolge sagen, dass gelegentliche Ausnahmen (z. B. bei Geburtstagen) durchaus erlaubt sind und den Erfolg in der Regel nicht gefährden.

Da vor allem die 16/8-Methode keine Diät, sondern vielmehr eine Ernährungsumstellung ist, kann diese Methode so lange durchgeführt werden, wie es gewünscht ist. Als optimal erweist sich natürlich die Durchführung über unbegrenzte Zeit. Die Erfahrungen zeigen zudem, dass es nicht notwendig ist, damit aufzuhören, sobald die Gewöhnungsphase überstanden ist. Wer zu Beginn mit den Zeitfenstern von 16 und 8 Stunden noch Schwierigkeiten hat, kann dies auch auf 14/10 abwandeln und die Fastenzeit dann langsam erhöhen.

<u>16/8-Fasten durchaus sinnvoll</u>

Intervallfasten im 16/8-Rhythmus erweist sich als geeignete Methode zum Abbau von Körperfett und zum Schutz vor Alterungserscheinungen und auch Krankheiten. Die für den Körper wichtigen und notwendigen Nährstoffe werden in einem Zeitfenster von 8 Stunden aufgenommen, sodass es auch nicht zu Mangelerscheinungen aufgrund ausbleibender Nährstoffzufuhr kommen kann. Es ist nicht notwendig, Kalorien zu zählen. Jede Mahlzeit darf satt machen, wenngleich ungesunde Kalorienbomben gemieden werden sollten. Während der Fastenphase sind dann Wasser, ungesüßter Tee sowie schwarzer Kaffee erlaubt.

<u>Mögliche Pläne für das 16/8-Fasten</u>

Bei der 16/8-Methode des Intervallfastens kannst du entweder das Frühstück oder auch das Abendessen weglassen. Beides führt durchaus zum Ziel der Gewichtsreduktion.

16/8-Plan ohne Frühstück:

- 0 Uhr bis 12 Uhr: Fasten
- 12 Uhr: Einnahme der ersten Mahlzeit

- 16 Uhr: Snack sowie letzte Mahlzeit
- ab 20 Uhr bis 0 Uhr Fasten

16/8-Plan ohne Abendessen:

- 0 Uhr bis 8 Uhr: Fasten
- 8 Uhr: Einnahme der ersten Mahlzeit
- 12 Uhr: Snack und letzte Mahlzeit
- ab 16 Uhr bis 0 Uhr: Fasten

Bei beiden Varianten kann die letzte Mahlzeit natürlich auch etwas nach dem Snack eingenommen werden. Eine längere Pause vor dem Beginn der neuen Fastenperiode ist nicht notwendig.

Das 14/10-Fasten

Das 14/10-Fasten ist eine abgewandelte Form des 16/8-Fastens und wird vor allem Frauen empfohlen. Grund dafür ist der Hormonhaushalt, denn beim 16/8-Fasten kann es vorkommen, dass die Periode ausbleibt. Es entsteht ein hormonelles Ungleichgewicht. Indem die Fastenphase auf 14 Stunden verkürzt, und damit die Phase des Essens auf zehn Stunden verlängert wird, kann sich dieses Ungleichgewicht vermeiden lassen.

Das 5:2-Fasten

Neben dem 16/8-Fasten ist die 5:2-Methode eine der beliebtesten Methoden des Intervallfastens. Hier wird jedoch nicht täglich gefastet, sondern an zwei Tagen in der Woche. Die Kalorienreduktion ist dann aber auch recht deutlich.

Beim 5:2-Fasten wird an zwei beliebigen Tagen in der Woche gefastet. An diesen Tagen darf nur eine maximale Kalorienmenge zugeführt werden. Für Männer gelten 600 Kalorien, für Frauen 500 Kalorien. Es ist nicht notwendig, dass die Tage aufeinanderfolgen. Jedoch ist es sinnvoll, zwei Tage festzulegen, die dann in jeder Woche eingehalten werden. So kann sich der Körper wesentlich besser an die Umstellung gewöhnen.

Auch hier gilt: Die Ernährungsumstellung nach der 5:2-Methode ist nicht starr. Kommt ein Geburtstag oder etwas anderes dazwischen, kann der Fastentag auch problemlos auf einen anderen Tag verschoben werden.

Das 5:2-Intervallfasten eignet sich hervorragend zur Reduzierung von Körpergewicht. Auch diese Methode kann gut in den Alltag eingebaut werden, die Beschränkung der Nahrungsaufnahme ist nur an zwei Tagen in der Woche gegeben.

Um auch am Fastentag eine ausreichende Sättigung zu erreichen, sind eiweiß- und ballaststoffreiche Lebensmittel sinnvoll. Außerdem sollte viel Flüssigkeit aufgenommen werden, auf kalorienhaltige Lebensmittel sowie Getränke mit sogenannten „toten Kalorien“ sollte verzichtet werden. Anfänglich dürfte sich natürlich ein Hungergefühl an den Fastentagen einstellen, welches aber nach einer kurzen Phase der Gewöhnung schnell verschwindet. Soll 5:2-Fasten bei der Gewichtsreduktion helfen, darf natürlich an den übrigen fünf Tagen in der Woche die Kalorienzufuhr nicht übermäßig erhöht werden.

5:2-Fasten kann schnell zum Erfolg führen

Zwar kann beim 5:2-Fasten nicht von einer täglich erhöhten Growth-Hormon-Synthese profitiert werden, und auch die Regeneration der Zellen erfolgt nur an den zwei Fastentagen in der Woche, dennoch kann oft schon nach etwa zwei bis drei Wochen ein Gewichtsverlust verzeichnet werden. Die 5:2-Methode kann durchaus dauerhaft angewendet werden, ohne dass es dabei zu gesundheitlichen Problemen kommt.

Mögliche 5:2-Pläne

Beim 5:2-Fasten können die Pläne für das Fasten folgendermaßen aussehen:

Plan 1:

- 0 Uhr bis 8 Uhr: an den Tagen 1 bis 7 fasten
- 8 Uhr: an den Tagen 1 bis 5 Frühstück, an den Tagen 6 und 7 fasten
- 12 Uhr: an den Tagen 1 bis 5 Mittagessen, an den Tagen 6 und 7 fasten
- 16 Uhr: an den Tagen 1 bis 5 Snack, an den Tagen 6 und 7 fasten
- 19 Uhr: an den Tagen 1 bis 5 Abendessen, an den Tagen 6 und 7 fasten
- 20 Uhr: an den Tagen 1 bis 5 Beginn des Fastens bis 0 Uhr, an den Tagen 6 und 7 Einnahme einer Mahlzeit
- an den Tagen 6 und 7 nach der letzten Mahlzeit bis 0 Uhr fasten
- Plan 2:
- 0 Uhr bis 8 Uhr: Tage 1 bis 5 fasten
- 8 Uhr: Tage 1 bis 5 Frühstück
- 12 Uhr: Tage 1 bis 5 Mittagessen
- 16 Uhr: Tage 1 bis 5 Snack
- 19 Uhr: Tage 1 bis 5 Abendessen

- ab 20 Uhr bis 0 Uhr: Tage 1 bis 5 fasten
- an den Tagen 6 und 7: ausschließliches Fasten

Bei der 5:2-Methode dürfen an den Fastagen maximal 500 Kalorien aufgenommen werden. Es muss ansonsten ausreichend Wasser oder auch Tee getrunken werden, an den Fastentagen sind zudem keine „Ausnahmen“ vorgesehen.

24-Stunden-Fasten

Das 24-Stunden-Fasten eignet sich vor allem für Personen, die bereits erste Erfahrungen mit dem Intervallfasten gemacht haben. Diese Methode des Intervallfastens ist etwas strenger als die 5:2-Methode, dann hier wird an ein bis zwei Tagen in der Woche für 24 Stunden komplett gefastet. Das heißt: Es wird in dieser Zeit komplett auf Nahrung verzichtet, erlaubt sind lediglich Wasser, ungesüßter Tee und Kaffee.

Das 20/4-Fasten

Die Methode des 20/4-Fastens ist mit 16/8-Fasten vergleichbar. Die Zeitfenster sind lediglich anders: Es werden nur in einem vierstündigen Zeitfenster alle Kalorien aufgenommen, während für 20 Stunden gefastet wird. Sinnvollerweise erfolgt die Nahrungsaufnahme hier am Abend. Neben dem 24-Stunden-Fasten gehört auch das 20/4-Fasten zu den extremeren Varianten des Intervallfastens, weshalb es sich eher für Fortgeschrittene eignet.

10-in-2-Fasten

Beim 10-in-2-Fasten handelt es sich um eine spezielle Form des Intervallfastens. Hierbei wird innerhalb von zwei Tagen (in2) an einem Tag gegessen (1) und am anderen Tag gefastet (0). Genauer betrachtet liegt das Zeitfenster für die Nahrungsaufnahme hier bei zwölf Stunden, die

Fastenzeit bei 36 Stunden.

An dem 1er-Tag darf grundsätzlich gegessen werden, wonach der Sinn steht – natürlich gilt auch hier wieder: Nicht im Übermaß, sondern gesund und ausgewogen. Am 0er-Tag hingegen darf nicht gegessen werden. Erlaubt sind dann Wasser, ungesüßter Tee, schwarzer Kaffee und Gemüsebrühe. Es spricht auch nichts gegen ein kleines Glas Rotwein am Abend.

<u>So kann das 10-in-2-Fasten aussehen</u>

Ein klassischer Fastenplan für das 10-in-2-Fasten kann so aussehen:

An Tag 1 wird zwischen 0 Uhr und 8 Uhr sowie 20 Uhr und 0 Uhr gefastet, dazwischen können Frühstück, Mittag, Snack und Abendessen eingeteilt werden. An Tag 2 wird dann gefastet und es dürfen keine Kalorien zugeführt werden. An den Tagen, an denen gegessen werden darf, sollten ausreichend Proteine gegessen werden.

Intervallfasten zur Gewichtsreduktion – spielend abnehmen mit Fasten

Die wichtigste Basis für die Erhaltung der Gesundheit ist ein gutes und gesundes Körpergewicht. Anhand diverser BMI-Tabellen lässt sich das eigene Körpergewicht genauer beurteilen. Zur Vermeidung bestimmter Erkrankungen ist es wichtig, Idealgewicht zu haben. Intervallfasten eignet sich deshalb hervorragend für den Abbau von Übergewicht. Es wird eine negative Energiebilanz herbeigeführt, ohne dabei zu hungern. Dadurch entfallen Heißhungerattacken, und der allseits bekannte Jo-Jo-Effekt bleibt aus.

Durch intermittierendes Fasten wird auf der einen Seite die Kalorienmenge, die aufgenommen wird, durch das Auslassen von einer oder mehreren Mahlzeiten vermindert. Auf der anderen Seite vergrößert sich die Menge an Kalorien, die verbrannt werden, aufgrund eines gesteigerten Metabolismus.

Das Abnehmen lässt sich durch Intervallfasten auch deshalb fördern, weil die Blutzuckerwerte gesenkt werden können. Steigt der Blutzuckerspiegel an, dann wird im Gehirn ein Hungergefühl ausgelöst. Deshalb ist es besonders wichtig, dass der Blutzuckerspiegel möglichst langsam ansteigt. Das lässt sich mit Intervallfasten erreichen. Ein positiver Nebeneffekt: Diabetes Typ 2 kann so vermieden werden.

Vergleichsweise junge Studienergebnisse zeigen auf, dass mithilfe von intermittierendem Fasten effektiv Fettmasse verloren geht – und zwar in größerem Ausmaß, als dies bei strengen kalorienarmen Diäten der Fall ist.

(Quelle der Studie: https://www.ncbi.nlm.nih.gov/pubmed/27708846)

Doch wie lässt sich die Gewichtsreduktion erklären?

Ähnlich wie bei kalorienarmen Diäten entsteht auch beim Intervallfasten aufgrund des Auslassens von einer oder mehreren Mahlzeiten ein Kaloriendefizit. Doch auch, wenn die gleiche Menge Kalorien wie bisher aufgenommen wird, kann eine Gewichtsreduktion eintreten. Erklärbar ist das mit den Veränderungen im Hormonhaushalt und der besseren Insulinsensibilität, die sich durch Intervallfasten einstellt. Eine entscheidende Rolle beim intermittierenden Fasten spielen die folgenden Hormone:

- menschliches Wachstumshormon
- Insulin
- Noradrenalin

Das menschliche Wachstumshormon

Während des Fastens kann das menschliche Wachstumshormon Untersuchungen zufolge um bis zu 500 Prozent steigen. Einige Studien besagen sogar, eine Steigerung soll bei Männern um 2.000 und bei Frauen um 1.300 Prozent möglich sein, wenn die Fastenzeit 24 Stunden oder länger dauert.

Mithilfe des menschlichen Wachstumshormons wird der Verlust von Körperfett gefördert. Es trägt zu einer besseren Verbrennung von Fett bei und sorgt zudem für den Erhalt von Muskelmasse.

Insulin

Im Körper des Menschen gehört Insulin zu einem der stärksten Hormone. Eine entscheidende Rolle hat das Hormon auf den menschlichen Stoffwechsel.

Der Mensch benötigt Insulin für die Aufnahme von Glucose aus dem Blut. Zudem trägt Insulin dazu bei, dem Körper zu vermitteln, wann Fett eingelagert und nicht mehr verbrannt werden soll.

Chronisch hohe Insulinwerte können dazu führen, dass die Reduzierung von Körpergewicht deutlich erschwert wird. In diesem Fall erhält der Körper durch das Insulin ständig das Signal, weiterhin Fett einzulagern.

Chronisch hohe Insulinwerte und Übergewicht stehen also in einem unmittelbaren Zusammenhang miteinander.

Eine Ernährung, die möglichst kohlenhydratarm ist, kann dazu beitragen, das Insulin zu senken, und so die Fettverbrennung anzukurbeln. Gleiches gilt auch für intermittierendes Fasten.

Noradrenalin

Bei Noradrenalin handelt es sich um ein Stresshormon, welches produziert wird, um die Aufmerksamkeit zu erhöhen. In seiner Wirkung ähnelt es dem Hormon Adrenalin.

Wer einen Tag oder auch länger keine Nahrung zu sich nimmt, regt damit seinen Körper an, Noradrenalin zu produzieren. Aus evolutionärer Sicht ist dies auch absolut notwendig, denn unsere Vorfahren gingen dann auf die Suche nach Nahrung.

Noradrenalin signalisiert dem Körper, dass aus den Zellen Fettsäuren zur Verbrennung freigesetzt werden müssen. Dadurch wird der Gewichtsverlust herbeigeführt, denn auch der Stoffwechsel wird durch Noradrenalin angeregt.

Sport auf nüchternem Magen – gut für die Fettverbrennung

Im Rahmen von Diäten und auch beim Intervallfasten ist Sport absolut wichtig, wenn es um die Reduzierung von Körpergewicht gehen soll. Bereits nach wenigen Tagen dürfte das Hungergefühl verschwinden. Es ist ein Gewöhnungseffekt eingetreten und es bereitet dem Körper keine Probleme mehr, Frühstück oder auch Abendessen einfach wegzulassen.

Wer sich nun vor allem morgens nach dem Aufstehen und auf nüchternem Magen sportlich betätigt, kann den Stoffwechsel zusätzlich ankurbeln und schon früh am Morgen die maximale Fettverbrennung anregen. Das Intervallfasten wird dadurch wesentlich effektiver und die ungeliebten Fettpölsterchen verschwinden schneller.

Erfahrungen zeigen übrigens, dass schon nach etwa zwei bis drei Wochen Intervallfasten erste Erfolge sichtbar werden können.

Für wen eignet sich Intervallfasten und für wen nicht?

Intermittierendes Fasten gilt als gesund. Es kann verschiedenen Beschwerden vorbeugen und so auch das allgemeine Wohlbefinden stärken. Dennoch gibt es Risikogruppen, welche auf Intervallfasten verzichten sollten.

Dazu gehören:

- Kleinkinder und Kinder
- schwangere und stillende Frauen sowie Frauen mit Kinderwunsch
- Menschen mit chronischen Erkrankungen
- Frauen, die unter chronischem Stress leiden
- Menschen mit Essstörungen
- Menschen mit Schilddrüsenerkrankungen
- Menschen, die Medikamente zur Senkung des Blutzuckers einnehmen oder Probleme mit einem niedrigen Blutzucker haben
- Menschen, die bislang weder eine Diät durchgeführt noch Sport getrieben haben

<u>Was spricht gegen Intervallfasten während der Schwangerschaft, Stillzeit und bei Kinderwunsch?</u>

Bislang gibt es nur wenige Untersuchungen, wie sich Intervallfasten auf eine Schwangerschaft auswirkt. Bisherige Untersuchungen sind in ihren Aussagen dazu auch recht widersprüchlich. Allerdings geht die Tendenz dazu, dass intermittierendes Fasten während der Schwangerschaft besser nicht praktiziert werden sollte. Unter anderem wird vermutet, dass es durch Intervallfasten zu einem geringeren Geburtsgewicht des Kindes kommen kann. Zudem steigt der Kalorienbedarf mit fortschreitender Schwangerschaftsdauer.

Generell ist es während einer Schwangerschaft keine wirklich gute Idee, eine Diät durchzuführen, wenngleich Intervallfasten natürlich keine Diät im eigentlichen Sinn ist. Nur bei medizinischer Notwendigkeit und unter ärztlicher Kontrolle sollte also eine entsprechende Ernährungsform gewählt werden.

Auch während der Stillzeit wird von intermittierendem Fasten abgeraten. In dieser Zeit benötigt der Körper täglich etwa 500 Kalorien mehr und außerdem auch zusätzliche Flüssigkeit. Während der Stillzeit weniger zu essen, ist deshalb keine gute Idee. Wird trotz des erhöhten Kalorienbedarfs gefastet, dann kann sich schnell Müdigkeit einstellen und zudem die Milchmenge zurückgehen.

Inwieweit sich Intervallfasten auf die Fruchtbarkeit bei Frauen mit Kinderwunsch auswirkt, ist bislang noch nicht ausreichend geklärt. Es zeigt sich aber in diversen Untersuchungen, dass eine längere Zeit des Fastens dazu führen kann, dass die Menstruation entweder unregelmäßig verläuft oder sogar ganz ausbleibt. Allerdings ist dies eher bei extremen Fällen des Fastens der Fall, die mit milden Formen wie dem intermittierenden Fasten nicht vergleichbar sind. Durch Untersuchungen lässt sich bislang nicht sagen, ob sich Intervallfasten positiv oder negativ auf die Fruchtbarkeit von Frauen auswirken kann. Deshalb ist es sinnvoll, bei bestehendem Kinderwunsch das Fasten sein zu lassen.

Blutzuckersenkende Medikamente und niedriger Blutzucker als Kontraindikation für Intervallfasten

In der Regel werden Patienten mit Diabetes Typ 2 Medikamente zur Senkung des Blutzuckers verordnet. Wird während der Einnahme dieser Mittel Intervallfasten betrieben, ist das reale Risiko für ein zu starkes Absinken des Blutzuckers erhöht.

Natürlich ist es durchaus möglich, auch mit Diabetes Typ 2 mit dem Intervallfasten zu beginnen, denn es kann sich positiv auf die Diabeteserkrankung auswirken. Wichtig ist jedoch, dies mit dem behandelnden Arzt abzusprechen. Er wird die Medikamente dann entsprechend auf das intermittierende Fasten und die damit erreichten Fortschritte abstimmen.

Ist der Blutzucker regelmäßig zu niedrig, dann sollte ebenfalls von Intervallfasten Abstand genommen werden. Zunächst muss der Blutzucker über einen längeren Zeitraum stabil sein und auch regelmäßig kontrolliert werden. Mit dem Absetzen bestimmter Medikamente (sofern dies möglich ist) und der Anpassung der Ernährung lässt sich dies aber meist erreichen. Sind stabile Blutzuckerwerte erreicht, spricht nichts gegen das intermittierende Fasten.

<u>Chronischer Stress bei Frauen spricht gegen Intervallfasten</u>

Frauen, die unter chronischem Stress leiden, sollten Intervallfasten nach Möglichkeit vermeiden. In einer klein angelegten Studie zeigte sich, dass eine lange Fastenperiode von 72 Stunden dazu führte, dass der Cortisolspiegel anstieg. Chronischer Stress, der sich durch Überspannung oder auch ein Burn-out äußern kann, wird durch einen Anstieg des Stresshormons Cortisol weiter verstärkt. Deshalb wird hier vor allem von Intervallfasten mit längeren Fastenperioden abgeraten.

Intervallfasten – gibt es Unterschiede zwischen Männern und Frauen?

Intermittierendes Fasten können sowohl Männer als auch Frauen problemlos durchführen. Es zeigte sich in diversen Untersuchungen allerdings, dass die Geschlechter recht unterschiedlich darauf reagieren.

Es lässt sich sagen, dass Intervallfasten bei Männern in der Regel effektiver zu sein scheint als bei Frauen. Dies scheint mit den Unterschieden im Hormonhaushalt zusammenzuhängen. Natürlich bedeutet das nicht, dass Intervallfasten für Frauen nichts ist. Auch sie können damit durchaus Erfolge erzielen. Immerhin ist jeder Mensch individuell und so ist es absolut sinnvoll, einfach auszuprobieren, ob es funktioniert oder eben nicht.

So gelingt der Start

In zahlreichen Studien wird immer wieder belegt, dass Fasten viele Vorteile mit sich bringt. Beim intermittierenden Fasten wird die Zellregeneration verbessert und das Immunsystem gestärkt. Nicht nur die Gewichtsreduktion und die Fettverbrennung sind Ziel von Intervallfasten, es trägt auch zu einer langfristigen Gesundheit bei. Die positiven Auswirkungen dieser Fastenform können inzwischen durch einige Studien belegt werden und so ist es absolut sinnvoll, zumindest in das Intervallfasten hinein zu schnuppern. Doch wie gelingt eigentlich der Start und worauf sollte geachtet werden?

Mit den nachfolgenden Punkten wird der Weg zum Intervallfasten Schritt für Schritt erklärt.

<u>1. Entscheidung treffen, ob intermittierendes Fasten für das entsprechende Ziel geeignet ist</u>

Intervallfasten eignet sich vor allem dann, wenn folgende Kriterien erfüllt sind:

- eine Gewichtsreduktion angestrebt wird und keine gesundheitlichen Beeinträchtigungen vorliegen
- größere Mahlzeiten wichtig sind, die auch ein Sättigungsgefühl hinterlassen
- keine einschränkende Diät mit Kalorienzählen durchgeführt werden soll, bei der es um Verzicht geht

<u>2. Die Wahl der passenden Methode</u>

Welche der erwähnten Methoden gewählt wird, ist letztlich von den individuellen Bedürfnissen abhängig. Klassischerweise wird die

16/8-Methode empfohlen, wer aber über einen längeren Zeitraum auch ohne Nahrung auskommt, kann auch die 20/4-Methode oder die 5:2-Methode wählen.

3. Wichtig für den Start und die gesamte Fastenzeit: Ausreichend trinken, jedoch nicht zu viel

Eine ausreichende Flüssigkeitsaufnahme ist vor allem während der Zeit des Fastens von großer Bedeutung. Geeignet sind Wasser, ungesüßte Tees sowie schwarzer Kaffee. Dennoch sollte die Flüssigkeitsaufnahme nicht übertrieben werden.

4. Regeln beachten ist auch beim Intervallfasten wichtig

Soll das intermittierende Fasten zur Reduzierung von Körpergewicht durchgeführt werden, müssen natürlich auch einige Regeln beachtet werden.

Grundsätzlich gilt, wie es auch bei anderen Diäten der Fall ist: Es muss ein Kaloriendefizit entstehen. Dies gilt für den Abbau von Fett als wichtigster Faktor. Zu fasten bringt nämlich nichts, wenn während der Zeit des Essens komplett über die Stränge geschlagen wird. Daraus kann sich nämlich recht schnell ein gestörtes Essverhalten entwickeln. Das Resultat: Es kommt dann nicht zur gewünschten Gewichtsabnahme, sondern zu einer Gewichtszunahme.

Für Intervallfasten gilt zudem, dass es kein Freifahrtsschein für eine ungesunde Ernährungsweise ist. Denn nur, weil während der Fastenzeit nichts gegessen wird, bedeutet das nicht, dass während der Essenszeit ungesunde Dinge im Übermaß konsumiert werden können. Auch beim Intervallfasten ist die Zufuhr von wichtigen Mikronährstoffen wie Vitaminen, Mineralstoffen und Spurenelementen sowie Ballaststoffen von enormer Bedeutung, denn nur so kann sich das intermittierende Fasten auch positiv auf die Gesundheit auswirken.

5. Auf den eigenen Körper hören

Wie bei herkömmlichen Diäten sollte auch beim Intervallfasten auf den Körper gehört werden. Zeigen sich Beschwerden wie Schwindel oder andere Nebenwirkungen, dann spricht nichts dagegen, etwas zu essen. Es dauert in der Regel einige Tage, bis sich der Körper auf das Intervallfasten eingestellt hat.

Als Anfänger mit dem Intervallfasten beginnen:

Der Start des Intervallfastens hängt vor allem von der persönlichen Ausgangssituation ab. Wer es gewohnt ist, täglich sechs Mahlzeiten zu sich zu nehmen und keinen besonderen Sport zu treiben, sollte nicht sofort mit einem der bekannten Fastenpläne starten, der eine völlige Umstellung mit sich bringt.

Eine Umstellung auf ein Fastenzeitfenster von beispielsweise 20 Stunden ist dann keine gute Idee, denn die Insulinsensibilität ist hierfür noch zu niedrig. Die Folge: Aufgrund des zu niedrigen Blutzuckerspiegels, der sich am Ende der Fastenperiode einstellt, kann es zu Nebenwirkungen kommen.

Ein niedriger Blutzuckerspiegel äußert sich durch folgende Symptome:

- Kopfschmerzen
- Schwindelgefühle
- Hungergefühl
- Verwirrtheit oder auch schnell irritiert sein
- doppeltes oder auch unscharfes Sehen
- Gähnen, Müdigkeit
- Schwitzen

- Zittern
- Rastlosigkeit
- Herzrasen

Schlimmstenfalls kann ein schnell absinkender Blutzuckerspiegel auch zur Bewusstlosigkeit bis hin zum Koma führen. In der Regel ist dies aber eher bei Patienten der Fall, die bereits unter Diabetes leiden und Insulin spritzen müssen.

Wer nun mit dem Intervallfasten beginnt, und aufgrund der gewünschten Gewichtsreduktion gleichzeitig mit Sport beginnt, obwohl er noch nie sportlich aktiv war, wird sich vermutlich schnell schlecht fühlen und sich die Frage stellen, ob intermittierendes Fasten wirklich das Richtige ist. Wer Sport gewöhnt ist und sich beispielsweise schon Low Carb ernährt, dem dürfte es vermutlich leichter fallen, zum Intervallfasten zu wechseln. Deshalb gilt: Der Körper muss langsam an das Intervallfasten gewöhnt und auch die gleichzeitige sportliche Betätigung sollte in Maßen erhöht werden. Menschen, die täglich fünf bis sechs Mahlzeiten zu sich nehmen, verfügen meist auch über eine niedrige Insulinsensibilität sowie hohe Blutzucker- und Insulinwerte. Hier ist es notwendig, das Intervallfasten gründlich vorzubereiten und bestenfalls mit einem Arzt zu absolvieren, der den Gesundheitszustand während des Fastens im Auge behält.

Schritt-für-Schritt-Anleitung für das Intervallfasten

Für Anfänger ist es sinnvoll, die folgende Anleitung zum Intervallfasten zu beachten:

- 1. und 2. Woche: Um den Blutzuckerspiegel und somit auch das Insulin auf ein normales Niveau zu bringen, sollte in der ersten und zweiten Woche zunächst auf Zucker und sämtliche raffinierte Kohlenhydrate verzichtet werden.

- 3. Woche: Die Mahlzeiten sollten von sechs bzw. fünf auf fünf bzw. vier pro Tag reduziert werden.
- 4. Woche: Ab jetzt werden die Mahlzeiten um eine weitere reduziert.
- 5. Woche: Es erfolgt eine weitere Reduzierung der Mahlzeiten.
- 6. Woche (ggf. auch später): Eine erneute Reduzierung um eine Mahlzeit sollte nun erst erfolgen, wenn die bisherige Mahlzeitenreduzierung wirklich gut vertragen wird.

Natürlich stellt diese Anleitung lediglich eine Richtlinie dar. Wer von Anfang an schon weniger Mahlzeiten am Tag zu sich nimmt, der dürfte keine großen Probleme haben, die Anzahl der Mahlzeiten direkt zu minimieren. Durch Ausprobieren zeigt sich, wie der Körper auf die entsprechende Veränderung reagiert. Zeigen sich anfangs noch einige Probleme, dann ist es auch in Ordnung, wenn die einzelnen Phasen der Umstellung langsamer angegangen werden.

Sind zwei Mahlzeiten erreicht, dann kann die Fastenperiode nun durchaus erweitert werden. Das Gute: Auch die Schlafenszeit kann der Fastenperiode zugerechnet werden und es ist dann doch einfacher, wenn nur das Frühstück ausgelassen werden muss.

Zu Beginn des Intervallfastens sollte Sport zudem während der Essperiode oder zumindest innerhalb weniger Stunden nach der letzten Mahlzeit getrieben werden. Nur in diesem Fall sind noch ausreichend Glucose und Glykogen im Körper vorhanden, damit der Sport auch mit einem guten Gefühl absolviert werden kann. Zu gegebener Zeit kann dann auch dazu übergegangen werden, während der Fastenperiode Sport zu treiben. Dies sollte aber erst passieren, wenn der Körper sich wirklich an die Umstellung der Ernährung gewöhnt hat. Dann ist es sinnvoll, zum Ende der Fastenperiode sportlichen Aktivitäten nachzugehen, denn zu diesem Zeitpunkt hat die Menge des menschlichen Wachstumshormons sein höchstes Niveau erreicht.

Wer morgens übrigens nicht ohne seinen Kaffee auskommt, kann problemlos zu schwarzem Kaffee greifen. Das Koffein erhöht den Stoffwechsel, was natürlich positiv ist. Wird am Morgen Energie benötigt, dann ist es auch erlaubt, im Kaffee einen Teelöffel Butter oder auch Kokosöl aufzulösen, denn es wird durch Fett keine metabolische Reaktion ausgelöst. Einziges Manko: Da die Fette auch Kalorien enthalten, verringert sich natürlich zwangsläufig die negative Energiebilanz.

Leckere Rezepte für einen guten Start ins Intervallfasten

Aller Anfang ist schwer. Doch mit den passenden Rezepten kann auch der Start in das intermittierende Fasten leichter vollzogen werden. Schließlich ist es neben dem Wann auch wichtig, was gegessen wird. Dabei muss es keinen Verzicht geben, auch das Lieblingsessen darf auf dem Speiseplan stehen.

Die Mahlzeiten in der Phase des Essens sollen gesund und ausgewogen und bestenfalls auch eiweißreich sein. Zudem sollten die Gerichte einige Eigenschaften aufweisen:

- sie dürfen vegetarisch sein, denn pflanzliche Ernährung ist erwiesenermaßen gesünder als tierische Ernährung
- sie sollten reich an Ballaststoffen sein, denn diese sorgen für ein gutes Sättigungsgefühl und sind somit eine sinnvolle Unterstützung beim Abnehmen
- sie sollten möglichst proteinreich sein
- sie sollten schnell und einfach zubereitet werden

Rezeptideen für Getränke und Brühen

<u>Rezept für „DAS“ Fastengetränk</u>

Auf den ersten Blick mag dieses Rezept ein wenig seltsam erscheinen, doch es ist das ultimative Fastengetränk, welches den Körper mit allen wichtigen Mineralstoffen während der Fastenperiode versorgt.

Gemischt werden dazu:

- ein Glas Wasser
- zwei Teelöffel Apfelessig
- ein halber Teelöffel Weinstein
- ein halber Teelöffel Meersalz (pink) oder Himalajasalz
- der Saft einer Limette

Apfelessig trägt bei diesem Getränk dazu bei, dass die Aufnahme von Mineralien deutlich verbessert wird. In Weinstein ist viel Kalium enthalten, Salz versorgt den Organismus mit Natrium und in Limettensaft sind zahlreiche pflanzliche Antioxidantien enthalten.

Gemüsebrühe als Fastengetränk

In einem großen Topf werden 200 Gramm braune Champignons in einem Esslöffel Olivenöl angedünstet. Hinzugegeben werden 500 Gramm fein gewürfeltes Suppengemüse, 200 Gramm gehackte Tomaten, eine geviertelte Zwiebel, eine Knoblauchzehe, vier Petersilienstiele, drei Pimentkörner, ein halber Teelöffel schwarze Pfefferkörner, ein Esslöffel getrocknete italienische Kräuter sowie zwei Lorbeerblätter. Alles wird mit den Pilzen gut vermischt und dann mit drei bis dreieinhalb Liter Wasser bedeckt im offenen Topf aufgekocht. Bei mittlerer Hitze muss alles nun etwa 50 Minuten kochen.

Nach dem Kochen wird die Gemüsebrühe durch ein feines Sieb gegossen, die Gemüsereste werden etwas ausgedrückt und zur Seite gestellt. Im offenen Topf wird die Brühe nun etwa auf die Hälfte eingekocht und dann mit Meersalz abgeschmeckt. Die Menge reicht für etwa fünf Gläser und kann im Kühlschrank oder auch im Tiefkühler aufbewahrt werden.

Bulletproof-Coffee

Bulletproof-Coffee ist ein Getränk, das während des Fastens erlaubt ist. Wichtig ist, dass auf Zucker verzichtet wird – denn nur so zeigen sich auch Abnehmerfolge. Das klassische Rezept für diesen Kaffee sieht folgendermaßen aus:

- hochwertiger, frisch gebrühter Filterkaffee
- ein bis zwei Esslöffel Butter (von Weidekühen, alternativ Ghee)
- ein bis zwei Esslöffel MCT-Öl (alternativ Kokosöl)

Zur Vermeidung von unschönen Fettaugen und zur Verbesserung des Geschmacks sollte die Mischung in einem Mixer schaumig geschlagen werden. Butter und Öl müssen vorher jedoch komplett im heißen Kaffee geschmolzen sein.

Zur Verfeinerung kann etwas Vanillearoma in den Kaffee gegeben werden.

Rezeptideen für leckere Salate

1. Avocadosalat mit Joghurtdressing

Zutaten:

- eine Avocado
- ein halber Kopf Blattsalat
- 150 Gramm Kichererbsen
- 2 Hände voll Kirschtomaten
- 250 Gramm Naturjoghurt (Alternative: Sojajoghurt)

- 1 Esslöffel Tahin-Paste (Grundzutat von Hummus)
- Zitronensaft
- etwas Knoblauchpulver
- Salz und Pfeffer zum Würzen

Zubereitung:

Zunächst wird die Avocado entsteint und zusammen mit Salat und Kirschtomaten in kleine Stücke geschnitten. Alle drei Zutaten und die Kichererbsen werden nun gut miteinander vermengt.

Für das Dressing wird der Joghurt mit Tahin-Paste sowie Knoblauchpulver verrührt und mit dem Salat vermengt. Zum Schluss wird alles noch mit Zitronensaft, Salz und Pfeffer gewürzt.

<u>Hirsesalat mit Fenchel und Granatapfel</u>

Zutaten:

- 100 Gramm Hirse
- eine Knolle Fenchel (dünn geschnitten)
- 25 Gramm Granatapfelkerne
- 75 Gramm Kichererbsen
- eine Handvoll geraspelten Rotkohl
- eine Handvoll gehackte Frühlingszwiebeln
- zwei Hände voll Babyspinat
- 20 Gramm geröstete Pistazien
- zwei Esslöffel Olivenöl

- zwei Esslöffel Tahin-Paste
- drei Esslöffel Orangensaft
- drei Esslöffel Zitronensaft
- Salz und Pfeffer

Zubereitung:

Zunächst wird die Hirse vorgekocht und der Fenchel zusammen mit Rotkohl und Kichererbsen kurz angedünstet. Das Dressing wird aus Olivenöl, Tahin-Paste, Orangen- und Zitronensaft angerührt. Ist die Hirse vorgekocht, werden alle Zutaten miteinander vermischt und das Dressing darüber gegeben.

Rezeptideen für Suppen

<u>Karotten-Erdnuss-Suppe</u>

Zutaten:

- zwei gehackte Karotten
- eine rote Zwiebel
- 1,5 Zentimeter gehackter Ingwer
- 50 Gramm gehackte Tomaten
- 50 Gramm Erdnüsse (alternativ Erdnuss- oder Mandelbutter)
- 200 Milliliter Kokosmilch
- drei gehackte Knoblauchzehen
- 100 Milliliter Wasser (alternativ Gemüsebrühe)
- ein Teelöffel Öl

- ein Teelöffel Tabasco (nach Belieben)
- ein bis zwei Teelöffel Ahornsirup
- zwei Esslöffel Sesamöl
- ein halber Teelöffel Salz

Zubereitung:

Zunächst werden Zwiebel, Ingwer und Knoblauch in Öl glasig angedünstet. Danach werden die Erdnüsse hinzugefügt und müssen etwa zwei Minuten lang mit geröstet werden. Wird Erdnussbutter verwendet, dann kommt diese erst mit den Tomaten in die Pfanne.

Nun werden die Karotten hinzugegeben und für zwei Minuten mitgekocht, danach kommen die Tomaten dazu und müssen für etwa vier Minuten kochen.

Zu der Gemüse-Erdnuss-Mischung werden nun Kokosmilch, Wasser bzw. Gemüsebrühe, Tabasco, Ahornsirup, Sesamöl und Salz gegeben, alles aufgekocht und dann für weitere zehn Minuten geköchelt. Zum Schluss muss alles etwas abkühlen und kann dann püriert werden.

<u>Linsen-Suppe mit Erdnüssen</u>

Zutaten:

- 250 bis 300 Gramm rote Linsen
- vier mittelgroße Kartoffeln
- eine kleine Frühlingszwiebel
- zwei junge Möhren
- 750 Milliliter Gemüsebrühe
- 30 Gramm Erdnüsse

- zwei Esslöffel Erdnussmus
- Salz, Pfeffer, Kreuzkümmel

Zubereitung:

Die Kartoffeln und Möhren werden zunächst geschält und zusammen mit den Linsen für etwa zehn Minuten in der Gemüsebrühe gekocht. Im Anschluss werden die klein geschnittenen Frühlingszwiebeln sowie das Erdnussmus hinzugegeben und alles für weitere zehn Minuten geköchelt. Danach kann alles fein püriert werden. Zum Schluss werden die Erdnüsse hinzugegeben und alles mit etwas Salz, Pfeffer und Kreuzkümmel gewürzt.

Rezepte für süße Speisen

<u>Birnenkompott mit Schoko-Amarant</u>

Zutaten:

- 250 Gramm Birnen
- 30 Gramm Amarant (gepufft)
- 30 Gramm Cashewkerne
- vier getrocknete, entsteinte Pflaumen
- eine Limette
- ein Esslöffel Agavensirup
- ein Teelöffel stark entöltes Kakaopulver
- 120 Milliliter Mandeldrink
- zwei Prisen gemahlenen Zimt
- zwei Prisen gemahlenen Kardamom

Zubereitung:

Die Trockenpflaumen, ein Stück Limettenschale, Limettensaft, Agavensirup, Gewürze sowie eine halbe Tasse Wasser werden zunächst aufgekocht und müssen dann zugedeckt weitere zwei bis drei Minuten köcheln. Im Anschluss werden die Birnen hinzugegeben und für weitere zwei bis drei Minuten gekocht. Das Kompott wird dann auf zwei Schraubgläser verteilt. Danach werden Amarant, Cashewkerne, Kakao und Mandeldrink miteinander verrührt und über das Birnenkompott gegeben.

Pancakes mit Beeren

Zutaten:

- eine Banane
- 125 Gramm Magerquark
- zwei Eier
- 75 Gramm Tiefkühlbeeren
- ein Esslöffel Xylith (alternativ Stevia)
- etwas Zimtpulver

Zubereitung:

Die Banane wird als Erstes geschält, in eine Schüssel gegeben und mit einer Gabel zerdrückt. Dazu werden Eier und Zimtpulver gegeben und alles wird gut miteinander verrührt. Die Masse wird jetzt in eine beschichtete Pfanne gegeben und bei mittlerer Stufe ohne Wenden angebraten. Nun werden die Tiefkühlbeeren zum Auftauen für eine Minute in die Mikrowelle gegeben und dann mit einer Gabel zerdrückt. Jetzt noch mal für etwa 30 Sekunden in die Mikrowelle stellen. In der Zwischenzeit wird der Magerquark in einer mittelgroßen Schüssel mit

Xylith gesüßt. Magerquark und Beerensoße werden dann auf den Pancakes verstrichen und die Pancakes können zusammengerollt werden.

Herzhafte Rezeptideen

Hackfleisch-Gemüsepfanne

Zutaten:

- 500 Gramm Hackfleisch
- 250 Gramm Champignons
- eine große gelbe Paprikaschote
- eine große rote Paprikaschote
- eine kleine Zucchini
- eine große Zwiebel
- eine Knoblauchzehe
- 250 Milliliter heißes Wasser
- einen Gemüsebrühwürfel (für 500 Milliliter Wasser)
- Salz und Pfeffer

Zubereitung:

Mit dem Gemüsebrühwürfel und dem heißen Wasser wird zunächst eine konzentrierte Brühe hergestellt. Danach wird das Gemüse geputzt und in Scheiben (Champignons) oder Würfel (Paprika, Zucchini) geschnitten. Die Zwiebel und der Knoblauch werden möglichst fein klein geschnitten.

In etwas Öl wird nun das Hackfleisch in einer großen Pfanne gut angebraten. Anschließend werden Zwiebeln und Knoblauch hinzugegeben und kurz mitgebraten. Das Gemisch wird nun aus der Pfanne genommen und die Champignons sowie Paprika und Zucchini hinzugegeben und gebraten. Das Hackfleisch wird nun zum Gemüse gegeben und alles mit der konzentrierten Gemüsebrühe abgelöscht. Unter gelegentlichem Rühren muss die Mischung so lange köcheln, bis sämtliche Flüssigkeit verdampft ist. Mit Salz und Pfeffer wird zum Schluss alles abgeschmeckt.

Da die Hackfleisch-Gemüsepfanne weder Reis noch Nudeln oder Kartoffeln enthält, stellt sie ein leckeres eiweißreiches und gut sättigendes Essen dar, das auch auf Vorrat gekocht werden kann.

<u>Gefüllte Paprikaschoten mit Hähnchen</u>

Zutaten:

- vier Paprikaschoten
- 400 Gramm Hähnchenbrustfilet oder Hähnchen-Minischnitzel
- 300 Gramm Karotten
- eine Zwiebel
- ein Esslöffel italienische Kräuter
- ein Esslöffel Tomatenmark
- ein Teelöffel Salz
- 1 Packung Mozzarella (light)
- ein Esslöffel Olivenöl
- Pfeffer zum Abschmecken

Zubereitung:

Zunächst werden die Deckel der Paprikaschoten abgeschnitten und das innere Kerngehäuse entfernt. Die Schoten werden gewaschen und danach das Hähnchen in kleine Würfel geschnitten.

In einer Pfanne werden die Hähnchenwürfel nun im Öl scharf angebraten. Zwischenzeitlich werden die Karotten und Zwiebeln geschält und in kleine Würfel geschnitten. Ist das Hähnchen gar, werden die Zwiebeln hinzugegeben und mitgebraten. Sind die Zwiebeln glasig, kommen die Karotten hinzu. Anschließend werden Tomatenmark und Kräuter eingerührt und alles mit Salz und Pfeffer abgeschmeckt. Nach einer weiteren kurzen Bratzeit wird der Mozzarella, der zuvor in kleine Würfel geschnitten wurde, hinzugegeben und muss für etwa zwei Minuten mitbraten, bis er leicht schmilzt.

Die Hähnchenmasse wird nun in die Paprikaschoten gefüllt, welche dann in eine Auflaufform gegeben werden und bei 200 Grad für 20 Minuten auf der mittleren Schiene gebacken werden. Dazu passt ein gemischter Salat. Die gefüllten Paprikaschoten sind mit 230 Kalorien pro Portion recht kalorienarm, aber trotzdem gut sättigend. Sie passen deshalb gut in das Konzept des intermittierenden Fastens.

Leckere Frühstücksrezepte

Omelett mit Pilzen

Zutaten:

- zwei Eier (Größe M)
- 100 Gramm geviertelte Tomaten
- 150 Gramm Champignons
- 15 Gramm Knäckebrot-Chips

- eine Lauchzwiebel
- ein Esslöffel Magerquark
- ein halber Teelöffel mildes Currypulver
- zwei Teelöffel Margarine (alternativ Butter)
- zwei Teelöffel Olivenöl
- Salz und Pfeffer
- Koriander- oder Petersilienblätter

Zubereitung:

Zuerst werden Eier, Magerquark, eine Prise Salz, Pfeffer und Curry miteinander verrührt. Anschließend werden 30 Gramm der Tomaten fein gehackt und zusammen mit der in kleine Ringe geschnittenen Lauchzwiebel unter die Masse gerührt.

In einer mittelgroßen beschichteten Pfanne wird nun die Margarine zerlassen und die Mischung hineingegeben. Die Pfanne muss nun leicht geschwenkt werden, damit sich die Ei-Quark-Mischung gut verteilen kann. Das Omelett wird gebacken und dann zum Viertel gefaltet und mit Koriander (Petersilie) bestreut. In einer zweiten Pfanne werden nun in Olivenöl die Champignons angebraten und mit Salz und Pfeffer abgeschmeckt.

Gemeinsam mit den Champignons, den restlichen Tomaten sowie den Knäckebrot-Chips kann das Omelett angerichtet werden.

Frühstücks-Muffins mit Bacon

Zutaten:

- sechs kleine Eier
- 300 Gramm Bacon

- frische oder getrocknete italienische Kräuter nach Belieben
- Salz und Pfeffer
- geriebenen Käse nach Wahl

Zubereitung:

Zunächst wird in einer Pfanne mit wenig Öl der Bacon auf mittlerer Hitze kurz von beiden Seiten leicht erhitzt. Da er sich sehr zusammenziehen kann, können auch zwei oder drei Schreiben in die Pfanne gelegt werden. Nach etwa zwei Minuten wird der Bacon aus der Pfanne genommen und auf Küchenpapier gelegt. Wichtig ist, dass er noch recht flexibel und eher roh ist.

Sechs eingeölte Muffinformen werden nun mit dem Bacon ausgekleidet und mit je einem aufgeschlagenen Ei gefüllt. Das Ei wird mit Salz, Pfeffer und den italienischen Kräutern gewürzt und nach Belieben mit etwas geriebenem Käse bestreut.

Bei 200 bis 220 Grad werden die Muffins nun im vorgeheizten Ofen auf mittlerer Schiene gegart. Je nach Ofen kann die Backzeit variieren, entscheidend sind natürlich die Vorlieben (weichen oder harten Dotter). Eine ungefähre Backzeit für einen weichen Dotter liegt bei etwa zehn, für einen harten Dotter bei etwa 15 Minuten – hier müsste ja nach Backofen probiert werden.

Smoothie-Rezepte für das Intervallfasten

<u>Birnen-Smoothie</u>

Zutaten:

- vier Birnen
- zwei Bananen
- 200 Gramm Blattspinat

- ein halber Kopfsalat
- 400 bis 600 Milliliter Wasser

Zubereitung:

Zunächst werden die Bananen geschält und die Birnen gewaschen und entkernt. Danach werden alle Zutaten in einen Mixer gegeben und auf höchster Stufe fein püriert.

Für das Intervallfasten ist der Blattspinat eine gute Unterstützung, da er entgiftend wirkt. Wer keinen Blattspinat verwenden möchte, kann alternativ auch zu Chlorella-Pulver oder einer Messerspitze Sango-Pulver greifen.

Vegetarischer Himbeer-Smoothie mit Joghurt

Zutaten:

- 200 Gramm gefrorene Himbeeren
- 400 Milliliter fettarme Milch (alternativ Soja-, Kokos-, Mandelmilch)
- 100 Gramm fettarmer Joghurt (alternativ Soja- oder Lupinenjoghurt)
- zwei Esslöffel Birnennektar ohne Zuckerzusatz
- ein Esslöffel Haferflocken

Zubereitung:

In den Mixer werden zunächst die Himbeeren gegeben und fein püriert, bis eine cremige Konsistenz entsteht. Danach werden die restlichen Zutaten hinzugefügt und für etwa eine Minute gut vermischt.

Mit einem Hochleistungsmixer lassen sich die Zutaten auch gleichzeitig miteinander pürieren.

Vegetarische Rezepte für das Intervallfasten

Risotto aus Blumenkohl und Bohnen

Zutaten:

- ein halber Blumenkohlkopf, klein gehackt
- zwei Hände voll gehackten Babyspinat
- eine Dose weiße Bohnen
- eine gehackte Schalotte
- drei gehackte Knoblauchzehen
- zwei Esslöffel getrocknete, gehackte Tomaten
- ein Teelöffel Kapern
- zwei Esslöffel geröstete Pinienkerne
- ein halber Teelöffel Thymian
- 150 Milliliter Gemüsebrühe

Zubereitung:

Zuerst werden die Schalotten, der Knoblauch und Thymian für zwei bis drei Minuten in etwas Olivenöl angedünstet. Die Hälfte der weißen Bohnen und die Gemüsebrühe werden nun hinzugegeben und müssen für etwa fünf Minuten köcheln. Daraus wird nach dem Köcheln nun mit einem Pürierstab eine glatte Masse gemixt. Nun werden Blumenkohl, Tomaten, die restlichen Bohnen sowie der Spinat dazugegeben und für weitere fünf Minuten gekocht. Vor dem Servieren wird das Blumenkohl-Bohnen-Risotto mit Kapern und Pinienkernen dekoriert.

Süßkartoffeln nach mediterraner Art

Zutaten für die Kartoffeln:

- zwei Süßkartoffeln
- eine Dose Kichererbsen
- je ein halber Teelöffel Paprikapulver, Zimt, Kumin, Koriander
- eine Prise Salz
- etwas Zitronensaft
- Knoblauch
- Zutaten für die Soße:
- 50 Gramm Tahin-Paste
- ein Teelöffel Dill
- Saft einer halben Zitrone
- drei gehackte Knoblauchzehen
- zum Verdünnen: Wasser oder alternativ Mandelmilch
- Zutaten für die Toppings:
- Kirschtomaten
- gehackte Petersilie
- ein Esslöffel Zitronensaft
- Chilisoße

Zubereitung:

Zuerst wird der Ofen auf 180 Grad vorgeheizt. Die Süßkartoffeln werden dann gewaschen, halbiert und auf das Backblech gelegt. Neben den Süßkartoffeln werden die Kichererbsen verteilt. Über beides werden Gewürze und Olivenöl gegeben. Für etwa 20 Minuten müssen die Süßkartoffeln nun im Backofen rösten. In der Zwischenzeit kann aus den restlichen Zutaten die Soße hergestellt werden. Vor dem Servieren werden Soße und die Toppings nach Belieben über Süßkartoffeln und Kichererbsen verteilt.

Fischrezepte

Folienfisch

Zutaten:

- 200 Gramm Fisch (z. B. Kabeljaufilet)
- eine halbe Zucchini
- ein Spitzpaprika
- zwei Esslöffel Limettensaft
- zwei Esslöffel Weißwein
- Limettenspalten
- frischer Thymian
- Salz und Pfeffer

Zubereitung:

Zunächst den Fisch waschen, mit dem Limettensaft beträufeln und mit Salz und Pfeffer würzen. Die Zucchini und den Spitzpaprika in dünne Streifen schneiden. Aus Alufolie ein „Schiffchen" formen und Fisch sowie Gemüse hineinlegen. Alles mit Salz, Pfeffer und Thymian bestreuen und Limettenspalten dazulegen. Zum Schluss noch zwei Esslöffel Weißwein darüber geben und das „Schiffchen“ gut verschließen. Im vorgeheizten Backofen wird der Fisch nun bei 220 Grad für etwa 15 Minuten gegart.

Gegrillter Lachs mit Mangold und Grünkohl

Zutaten:

- Lachsfilet
- zwei Hände voll Grünkohl
- ein Bund Mangold
- ein Esslöffel Zitronensaft
- ein Esslöffel Senf
- ein Esslöffel Dill
- Olivenöl

Zubereitung:

Der Backofen wird zunächst auf 200 Grad vorgeheizt. Währenddessen wird das Gemüse gewaschen, geschnitten, in einer Backform verteilt, mit Olivenöl beträufelt, mit Salz und Pfeffer gewürzt und dann für etwa sechs Minuten gebacken. Nun wird der Lachs auf das Gemüse gelegt und noch einmal mit Olivenöl beträufelt. Für weitere zehn Minuten muss nun alles erneut in den Ofen, bis der Lachs durchgebacken ist.

Aus Zitronensaft, Senf und Dill wird ein Dressing angerührt, welches vor dem Servieren über Lachs und Gemüse verteilt wird.

Intervallfasten – was ist erlaubt, was nicht?

Beim intermittierenden Fasten wird lediglich der Zeitpunkt der Nahrungsaufnahme festgelegt, allerdings nicht, welche Lebensmittel erlaubt sind. Das bedeutet: Es darf alles gegessen werden, worauf Lust besteht. Natürlich sollte darauf geachtet werden, dass die Ernährung während der Essensperioden nicht nur aus Fast Food besteht, ansonsten gibt es aber keine Einschränkungen.

Gerade, weil weniger Mahlzeiten am Tag verzehrt werden, ist es besonders wichtig, dass diese möglichst nährstoffreich und auch lang anhaltend sättigend sind. Wichtig ist die Zufuhr von Vitaminen, Mineralstoffen und Spurenelementen sowie Antioxidantien. Ein Verzicht auf sämtliche raffinierte Kohlenhydrate sowie Zucker trägt dazu bei, dass weniger Fett eingelagert wird, und kann die Effekte des Intervallfastens positiv beeinflussen.

Zu den Mahlzeiten viel Rohkost und Gemüse zu verzehren, ist während der Essensperioden beim Intervallfasten besonders sinnvoll. Durch die Ballaststoffe im Gemüse steigt der Blutzucker nicht zu schnell an, auch zu hohe Ausschläge nach oben werden vermieden. Ein positiver Nebeneffekt ist eine gesunde Darmfunktion und ein längeres Sättigungsgefühl. Wird gleichzeitig auch Krafttraining durchgeführt, sollte mit den Mahlzeiten auch ausreichend Eiweiß zugeführt werden.

Während der Fastenzeit sollte hauptsächlich zu Wasser, ungesüßtem Tee, kalorienfreien Getränken oder auch schwarzem Kaffee gegriffen werden. Es ist während dieser Zeit zudem erlaubt, zuckerfreien Kaugummi zu kauen. Eine Grenze von maximal 35 Kalorien sollte während der Fastenzeit nicht überschritten werden, weshalb auf Milch und Zucker im Kaffee verzichtet werden sollte. Denn damit würden die positiven Stoffwechselvorgänge gebremst, und der gesundheitliche Aspekt des Intervallfastens verringert werden.

Die Autophagie beim Intervallfasten

Ein lebensnotwendiger Prozess im menschlichen Körper ist die Autophagie. Beim intermittierenden Fasten spielt sie eine besondere Rolle. Doch was ist Autophagie eigentlich und wie lässt sich dieser Prozess durch die gezielte Ernährungsform des Intervallfastens beeinflussen?

Worum geht es bei Autophagie?

Mit dem Begriff Autophagie (auch Autophagozytose genannt) wird ein Prozess beschrieben, bei dem beschädigte oder auch funktionslose Zellen im Körper „verdaut", und dann aus dem Organismus entfernt werden. Vereinfacht ausgedrückt handelt es sich bei diesem Prozess um die „Müllabfuhr" des Körpers. „Schlechte" Zellen werden also entfernt und dann durch „gute" Zellen ersetzt.

Im Körper des Menschen übernimmt die Autophagie eine wichtige Schlüsselfunktion, wenn es um die Bekämpfung von Viren und Bakterien geht. Auch auf den Prozess der Alterung hat sie Einfluss. Gäbe es die Autophagie nicht, könnte kein Abbau von fehlerhaften Proteinen oder beschädigten Zellen erfolgen, und der Körper würde sich recht schnell in eine Art „Müllhalde" dafür verwandeln. Im Umkehrschluss ist die Autophagie somit notwendig, um das Überleben des Organismus zu sichern.

Der Zusammenhang von Autophagie und Intervallfasten:

Nun stellt sich natürlich die Frage, wie Autophagie und Intervallfasten zusammenhängen.

Grundsätzlich steht fest, dass die Autophagie ein essenzieller Prozess für den Körper ist, und für den Erhalt gesunder Zellen eine enorme Bedeutung hat. Jedoch wissen die meisten nicht, dass der

Prozess der Autophagie aktiv unterstützt oder aber auch gehemmt werden kann.

Die positive Beeinflussung der Autophagie

Intervallfasten gehört zu den besten Methoden, die Autophagie positiv zu beeinflussen. Die Fastenperioden, in denen keine ständigen Verdauungsprozesse stattfinden, tragen dazu bei, dass die Autophagie auf Höchsttouren laufen kann.

Dadurch werden folgende Prozesse begünstigt:

- verbesserte Regeneration der Zellen
- Hemmung des Prozesses der Alterung in den Zellen – funktioniert die Autophagie, dann wirkt sie wie ein Jungbrunnen auf den Körper
- Stärkung des Immunsystems

Zusätzlich kann die Autophagie mit sogenanntem physischen Stress in Form von Ausdauer- oder auch Krafttraining sowie einer Reduzierung der Kalorien positiv beeinflusst werden.

Die negative Beeinflussung der Autophagie

Nach wie vor raten zahlreiche Ernährungsberater und selbst ernannte Fitnessexperten zu fünf bis sechs Mahlzeiten pro Tag, um den Körper besser mit Nährstoffen zu versorgen. Allerdings ist dieses Argument schlichtweg falsch, denn durch diese Form der Ernährung kommt es zu einer Hemmung der Autophagie. Aufgrund der häufigen Mahlzeiten kommt es regelmäßig zu einer Erhöhung des Insulinspiegels, der sich somit immer auf einem durchgängig hohen Niveau befindet.

Jedoch hindert ein erhöhter Insulinspiegel die Autophagie an ihrer ordnungsgemäßen Arbeit. Grund dafür ist die Tatsache, dass es sich bei Insulin um ein stark anaboles Hormon handelt, welches dem Körper das Signal gibt, er verfüge über ausreichend Energiereserven. Die Folge: Abbauende Prozesse gehen regelrecht unter, die Reinigung der Zellen wird gehemmt. Der Körper hat aufgrund anderer anfallender Prozesse im Zusammenhang mit der Verdauung der Mahlzeiten gar keine Zeit für die Autophagie.

Die häufigsten Fehler beim Intervallfasten

Wer sich zum ersten Mal mit dem Thema Intervallfasten beschäftigt, zweifelt häufig am Konzept und glaubt nicht an den beschriebenen Erfolg. Immerhin gibt es einige Widersprüche zu dem, was von Ernährungsberatern oft suggeriert wird.

Diese argumentieren gern mit folgenden Fakten:

- Frühstück ist notwendig, um den Stoffwechsel in Schwung zu bringen – ohne Frühstück kann keine nachhaltige Gewichtsreduktion erfolgen.
- Fünf bis sechs kleine Mahlzeiten am Tag sind notwendig, um den Stoffwechsel auf Trab zu halten und ihn nicht zu verlangsamen.
- Wird dem Körper keine Nahrung zugeführt, verbrennt er Eiweiß und es kommt zum Verlust von Muskelmasse.
- Durch Fasten wird der Körper in den Spar- bzw. Überlebensmodus geschaltet.

Diese Argumente sind aber nicht haltbar, sondern recht hartnäckige Mythen. Wer mit intermittierendem Fasten beginnen möchte, sollte die folgenden Mythen zunächst aus seinem Kopf verbannen.

Mythos 1: Der Stoffwechsel kommt nur durch Frühstück in Schwung

Fast überall wird verkündet, dass das Frühstück die wohl wichtigste Mahlzeit am Tag sein soll. Selbst einige Gesundheitsinstitutionen vertreten die Ansicht, Frühstück sei für den Start in den Tag unverzichtbar. Und auch Lebensmittelhersteller werben damit, dass der Tag nur mit einem Frühstück gut beginnen kann.

Natürlich sind vor allem Hersteller von Lebensmitteln im Frühstücksbereich nicht erfreut, wenn das Frühstück ausgelassen wird – so können sie ja kein Geld verdienen. Das Problem: Hört man derartige Aussagen oft genug, glaubt man daran. Der Drang, zu hinterfragen, was daran richtig ist, verfliegt mit der Zeit.

Inzwischen ist trotz aller Unkenrufe allerdings belegt, dass das Weglassen des Frühstücks den Stoffwechsel nicht träger macht.

Mythos 2: Fünf bis sechs Mahlzeiten pro Tag sind wichtig

Um den Stoffwechsel in Gang zu halten, sollen angeblich fünf bis sechs Mahlzeiten über den Tag verteilt eingenommen werden. Es sollen also zwischen den drei Hauptmahlzeiten noch kleine Snacks verzehrt werden. Die kürzeren Abstände sollen dazu beitragen, dass der Stoffwechsel nicht träge wird. Zahlreiche Ernährungsberater vertreten leider immer noch die Meinung, es sei besser, öfter kleine Portionen zu essen.

Aber: Wissenschaftliche Beweise, dass sich der Stoffwechsel dadurch beschleunigt oder mindestens auf dem bestehenden Niveau gehalten wird, gibt es nicht. Es ist sogar das Gegenteil der Fall. Denn: Dem Stoffwechsel ist es eigentlich egal, zu welcher Zeit des Tages gegessen wird. Schließlich verbrennt der Körper unabhängig von der Anzahl der Mahlzeiten seine Kalorien. Einziges Argument, was dafür sprechen würde: Das Hungergefühl lässt sich dadurch vermeiden. Jedoch bleibt das Sättigungsgefühl bei mehreren kleinen Portionen aus und die Insulinsensibilität wird erwiesenermaßen vermindert. Eine unerwünschte Folge: Bauchfett setzt schneller an.

Mythos 3: Weniger Mahlzeiten sorgen für das Einbüßen von Muskelmasse

Wer kennt sie nicht – die Bodybuilder, die mit ihren Tupperdosen ins Fitnessstudio gehen und immer ihr Gemüse und andere „Leckereien“ dabei haben. Diese stellen sicher, ihrem Körper alle paar Stunden Eiweiß zuzuführen, um keine Muskelmasse zu verlieren.

Jeder, der kein Bodybuilding betreibt, wird sich vermutlich auch keine wirklichen Sorgen um die eigene Muskelmasse machen. Doch eigentlich ist Muskelmasse für jeden Menschen von Bedeutung. Denn anhand der Muskeln zeigt sich, wie hoch der persönliche Stoffwechsel in Ruhe ist.

Geht also Muskelmasse verloren, dann sinkt auch der Stoffwechsel in Ruhe. Das wiederum begünstigt eine schnellere Gewichtszunahme. Aus diesem Grund sind auch so viele Menschen in Sorge, wenn sie Muskelmasse verlieren könnten. Somit ist die Angst vor dem Verlust von Muskelmasse durchaus begründet. Allerdings ist die Angst beim Intervallfasten doch eher unbegründet. Schließlich speichert der Körper auch Fett und nutzt dieses als Energiequelle, während er die Nahrung verdaut.

Der menschliche Körper verbrennt keineswegs Muskelmasse, wenn nichts gegessen wird. Deshalb können Bodybuilder ebenfalls vom Intervallfasten profitieren, denn es werden dabei zahlreiche Wachstumshormone produziert, die wiederum für das Muskelwachstum von Bedeutung sind.

Mythos 4: Der Körper geht beim Fasten in den Sparmodus über

Bereits unsere Vorfahren waren daran gewöhnt, dass es Zeiten gab, in denen sie fasten mussten. Dies war entweder dann der Fall, wenn nichts Essbares zu finden war oder aber die Jagd keinen Erfolg brachte. Dank der Evolution ist der Körper des Menschen also mit einem voreingestellten „Sparmodus“ versehen. Der eigene Metabolismus kann dabei verlangsamt werden.

Der Körper geht aufgrund dieser Absenkung des Stoffwechsels dann automatisch sparsamer mit den ihm zur Verfügung stehenden Fettreserven um. Soll Gewicht reduziert werden, möchte man natürlich verhindern, dass der Körper in den Sparmodus wechselt. Beim Intervallfasten wird dieser aber nur durch das Auslassen einer Mahlzeit nicht passieren. In der Regel startet der Sparmodus erst nach einer Hungerperiode von mindestens 60 Stunden. Bevor der Stoffwechsel also langsamer wird, müssen erst einmal mindestens zweieinhalb Tage vergehen, an denen rein gar nichts gegessen wird.

Im Zusammenhang mit dem Intervallfasten ist aber Folgendes sehr interessant: Bevor der Körper den Sparmodus einschaltet, wird der Stoffwechsel noch einmal gesteigert und kann bis zu 14 Prozent schneller arbeiten. Die Körper produzieren in Hungerphasen Hormone, welche die Aktivität erhöhen und die Bewegung fördern. Für unsere Vorfahren bedeutete das, dass sie mehr Chancen für ein Überleben hatten, denn sie begaben sich deutlich stärker auf die Suche nach Nahrung.

Zwar stimmt es also, dass der Körper durchaus bei Hunger in einen Sparmodus fällt, dies ist aber erst nach einer recht langen Periode ohne Nahrung der Fall. Beim Intervallfasten lässt sich dieser Mythos ausräumen.

Wie sich herausstellt, sind einige Argumente, die Ernährungsberatern und anderen selbst ernannten Experten immer wieder über die Lippen fließen, nicht unbedingt ein Grund gegen das Intervallfasten.

Es gibt jedoch ein ABER: Denn es kann durchaus sein, dass es mit dem Intervallfasten nicht zu einem Erfolg kommt.

Zunächst ist Intervallfasten eine ziemliche Umstellung für den Körper, manch einen stellt es vielleicht auch vor einige Herausforderungen. Schon am Anfang können Fehler gemacht werden, die das ganze Vorhaben zum Scheitern bringen. Und die müssen nicht sein. Auch während des gesamten Fastens können aber immer wieder Fehler begangen werden, die sich ebenfalls verhindern lassen.

Fehler 1: Für die individuelle Situation wurde die falsche Methode des Intervallfastens gewählt

Sind wir doch mal ehrlich: Für den Anfang kann das Thema intermittierendes Fasten, das sich mittlerweile zu einem Hype gemausert hat, sehr verwirrend sein. Fasten kennt jeder. Es stellen sich aber Fragen zum „Wann", zum „Wie" sowie zum Rhythmus und zur Dauer.

Dazu gibt es auch noch mehrere Methoden des Intervallfastens. Zwar ist das Prinzip immer das Gleiche, jedoch sind die Zeiträume des Fastens sehr unterschiedlich. Um nicht direkt zu Beginn am Intervallfasten zu scheitern, sollte man sich im Zusammenhang mit den unterschiedlichen Methoden fragen, wie lange man es ohne Nahrung aushalten kann. Während die 16/8-Methode den Zeitraum eines Tages erfasst, tut es die 5:2-Methode für eine Woche. Es sollte sich also die Frage gestellt werden, ob es möglich ist, zwei Tage hintereinander ohne Essen zu überstehen. Gleichermaßen muss die Frage natürlich auch andersrum gestellt werden: Kann das tägliche Fasten in den Alltag gut integriert werden, weil der Ablauf eines Tages immer gleich ist, oder könnten wechselnde Arbeitszeiten gegen den 16/8-Rhythmus sprechen?

Fehler 2: Die Erwartungen an die Umstellung auf das Fasten sind falsch

Den meisten geht es so, dass sie bereits nach wenigen Tagen das Intervallfasten wieder beenden, weil sie glauben, es sei nichts für sie.

Intervallfasten soll dazu beitragen, den Körper wieder an kleinere Pausen ohne Essen zu gewöhnen. Unsere Vorfahren hatten teilweise über Tage hinweg keine oder nur sehr wenig Nahrung zur Verfügung, während in der heutigen Zeit die Möglichkeiten schier unendlich sind.

Wer kennt es nicht? Von morgens bis abends essen wir. Wer nun mit dem intermittierenden Fasten beginnen möchte, darf nun nicht erwarten, dass die Umstellung innerhalb von wenigen Tagen möglich ist.

Eine solche Ernährungsumstellung, bei der die Anzahl der bisherigen Mahlzeiten reduziert wird, ist nicht von heute auf morgen möglich. Der menschliche Körper kann sich recht gut an veränderte Situationen anpassen. Die Ressourcen, mit den verschiedensten Situationen umzugehen, sind zahlreich. Dennoch ist ein Wechsel von der bisher bekannten Essensweise zum Intervallfasten innerhalb von kürzester Zeit nahezu utopisch. Der Körper benötigt eine gewisse Zeit für die Anpassung, meist sind zwei bis drei Wochen dafür ausreichend.

Viele entscheiden sich jedoch schon nach wenigen Tagen gegen das Intervallfasten, sodass sich gar kein Erfolg einstellen kann.

<u>Fehler 3: Während der Essensperiode wird zu viel gegessen</u>

Wer mit dem intermittierenden Fasten beginnt, sollte natürlich nicht direkt ein großes Wunder erwarten, auch wenn es oft den Anschein zu machen scheint. Oft wird davon berichtet, dass Fasten ausreichend ist und alles andere rund um die Ernährung vergessen werden darf. Aber: Fasten bedeutet nicht, dass während der Essensperiode nach Belieben große Mengen gegessen werden können. Wichtig ist auch beim Intervallfasten, dass ein Kaloriendefizit erreicht wird. Denn nur dieses trägt auch dazu bei, Gewicht zu verlieren.

<u>Fehler 4: Es wird während der Essensperiode zu wenig gegessen</u>

Wer Intervallfasten schon einmal probiert hat, aber zu viel Hunger in der Fastenperiode hatte, hat den Versuch des Fastens vermutlich wieder abgebrochen.

Das Problem: Es besteht nicht nur die Gefahr, zu viel zu essen. Es ist durchaus auch möglich, dass während der Essensperiode einfach zu wenig gegessen wird und sich unter Umständen sogar in der Nacht ein Hungergefühl entwickelt. Der Körper zeigt damit nicht, dass die Zeit des Fastens für ihn eine Überforderung ist. Das Hungergefühl ist lediglich ein Signal dafür, dass über die Nahrung zu wenig Energie aufgenommen wurde.

Ganz wichtig: Fasten darf nicht unterschätzt werden. Beim Intervallfasten – vor allem bei der 16/8-Methode oder auch der 20/4-Methode – ist das Zeitfenster für die Nahrungsaufnahme begrenzt. In dieser Zeit müssen so viele Kalorien aufgenommen werden, wie es sonst über den Tag verteilt erfolgt. Gerade bei kleinen Zeitfenstern und dem Problem, große Portionen zu essen, kann das schnell zu Unzufriedenheit führen.

Doch auch die Motivation, viel Gewicht verlieren zu wollen, kann zum Problem werden. Denn wer einen recht radikalen Wechsel vollzieht und nicht nur mit dem Intervallfasten beginnt, sondern auch die Ernährung komplett umstellt, könnte zu Beginn Schwierigkeiten haben. Ist der Wechsel sehr extrem, kann dies ebenfalls mit einem deutlichen Hungergefühl einhergehen.

Wichtig ist also, nicht alles auf einmal zu wollen. Sowohl ein zu kurzes Zeitfenster für das Essen als auch zu viele Umstellungen auf einmal können den Erfolg herabsetzen.

Fehler 5: Beim Intervallfasten kann man essen, was man will

Oft wird davon ausgegangen, dass beim intermittierenden Fasten gegessen werden kann, wonach einem die Lust steht. Doch das ist ein großer Irrtum.

Was die Essensauswahl betrifft, bestehen natürlich zunächst keine Einschränkungen. Dennoch ist es nicht gänzlich egal, was gegessen wird.

Wer intermittierendes Fasten betreibt und dabei vermehrt Fast Food und auch Süßigkeiten während der Essensperioden zu sich nimmt, wird seinem Körper auf Dauer nichts Gutes tun. Auch und gerade während des Fastens ist es besonders wichtig, den Körper mit einer ausgewogenen und nährstoffreichen Ernährung zu versorgen.

Fehler 6: Es ist keine Flexibilität vorhanden

Die 16/8-Methode, 5:2-Fasten oder die 10-in-2-Methode: Welche Variante des Intervallfastens passt eigentlich am besten zu einem?

Wer mit der Einstellung herangeht, er muss recht stur eine der genau vorgegebenen Varianten wählen, kann scheitern. Denn es muss sich niemand an die vorgegebenen Zeiteinteilungen halten, bei denen es sich lediglich um Empfehlungen handelt.

Auch für das Intervallfasten gilt: Jeder Tag läuft bei jedem Menschen nach einem bestimmten und sehr individuellen Schema ab, und stellt somit auch unterschiedliche Anforderungen. Wichtig ist also, dass die Methode des Intervallfastens gut in den Alltag und zu den ganz persönlichen Bedürfnissen passt. Das Intervallfasten soll unterstützen, anstatt einzuschränken.

Beim Intervallfasten geht es zwar um eine gewisse Konstanz, damit sich der Körper besser an die Umstellung gewöhnen kann. Allerdings sind leichte Schwankungen im Bereich von einer oder auch zwei Stunden auch in Ordnung. Wer so mit Intervallfasten einen angenehmen Alltag gestalten kann, wird recht bald erste Erfolge sehen.

Tipps für das Intervallfasten

Auf das Intervallfasten muss sich jeder erst einmal einstellen. Nicht immer klappt es auf Anhieb, und wer damit abnehmen möchte, muss mitunter auch mit kleineren Rückschlägen rechnen. Werden aber einige Tipps beherzigt, kann das Intervallfasten zu einer sinnvollen Unterstützung im regelmäßigen Alltag werden, und sich positiv auf das allgemeine Wohlbefinden auswirken.

Allgemeine Tipps

- Vorteilhaft ist die Entwicklung einer Strategie, um das Intervallfasten optimal an die eigenen Bedürfnisse, den Tagesablauf, die Familie und die Verpflichtungen sowie die individuellen Vorlieben und die körperliche und geistige Verfassung anzupassen. Dabei müssen keine einheitlichen Regelungen zur Anwendung kommen.

- Es muss kein Frühstück sein, denn Studien zeigen immer wieder, dass auf ein umfangreiches Frühstück oft auch ein umfangreiches Mittag- und Abendessen folgt.

- Die entwickelte Strategie sollte möglichst mit Flexibilität und Nachsicht umgesetzt werden. Ist das Gefühl eher schlecht, sollte das intermittierende Fasten beendet werden.

- Wird außerhalb der Fastenperiode eingekauft und gekocht, dann bleiben Versuchungen aus.

- Lebensmittel mit niedrigem glykämischen Index sind sinnvoll. So wird der Blutzuckerspiegel nicht übermäßig stark belastet. Im Vordergrund sollten Proteine sowie pflanzliche Kost stehen, denn so lässt sich ein Mangel an Nährstoffen verhindern.

- Ganz gleich ob Fastenphase oder nicht: Für das Essen sollten sich Fastende Zeit nehmen und genießen.
- Während der fastenfreien Zeit sollten Lebensmittel nicht im Übermaß verzehrt werden. Erfahrungen zeigen, dass durch das intermittierende Fasten der Appetit reguliert wird.

Tipps für die Zeit des Fastens

- Wichtig ist, viel zu trinken. Zwei Liter pro Tag sind ratsam.
- Während der Fastenperiode sind geeignete Getränke Wasser, ungesüßte Tees, schwarzer Kaffee, heißes Wasser (mit Zitrone, Ingwer oder Kräutern), stark verdünnte alkoholfreie Schorlen, kalorienarme Instantschokolade, Gemüsebrühe und Misosuppe.
- Fastentage sollten fettfrei gestaltet werden, während der Essenphasen sind nährstoffreiche Lebensmittel vorzugsweise zu verwenden. Kalorienreichere Snacks sind zwar nicht verboten, sollten aber nur in geringen Mengen verzehrt werden.
- Auf dem Speiseplan sollten fettarme Milchprodukte, Vollkornerzeugnisse, Hülsenfrüchte, Haferflocken, Äpfel, Birnen, frische Kräuter und gesunde Fette wie Olivenöl stehen. Zum Würzen von Speisen eignen sich beispielsweise Senf, Soja- oder Worcestersoße, Meerrettich und andere Kräuter und Gewürze. Zum Braten sollten antihaftbeschichtete Pfannen verwendet werden.
- Proteine sorgen für ein länger anhaltendes Sättigungsgefühl. Geeignet sind hier vor allem fettarme Proteinquellen wie Bohnen oder Nüsse.
- Gut sättigend sind Suppen oder leichte Brühen mit viel Blattgemüse.

- Agavendicksaft oder Kokosblütenzucker, welche einen niedrigen glykämischen Index aufweisen, sind hervorragend zum Süßen geeignet.
- Mit leerem Magen einkaufen gehen, ist nie eine gute Idee. Für die Arbeit ist es sinnvoll, sich bereits Lunchpakete vorzubereiten. Unterwegs können während der Essensphase auch kleine gesunde Snacks hilfreich gegen aufkommenden Hunger sein.

Tipps für den Lebensstil

- Wer mit dem intermittierenden Fasten beginnen möchte, sollte Familie und Freunde um Unterstützung bitten. Dabei ist wichtig, dass niemand den Fastenden zum Naschen überredet, sondern in seinem Vorhaben unterstützt und ermutigt.
- Im Restaurant sollte nicht das „All-you-can-eat"-Angebot gewählt werden. Auf Vorspeisen kann unter Umständen verzichtet werden, mit Soßen und Dressings sowie Knabbergebäck sollte vorsichtig umgegangen werden.
- Bestimmte Reaktionen auf äußere Reize sollten bewusst erlernt werden. So kann der Duft oder Anblick einer Speise und das Wissen um den Verzicht zu verschiedenen Gefühlen wie Wut oder Enttäuschung führen. Wichtig zu wissen ist, dass der Körper auch mit Hungerperioden gut umgehen kann.
- Spaziergänge, Telefonate mit Familie oder Freunden und Sport bieten eine gute Ablenkung während der Fastenphase.
- Zur besseren Stressbewältigung sollten passende Strategien entwickelt werden.
- Wichtig ist ausreichend Schlaf.

- Belohnungen für Erfolge sind Balsam für die Seele, Abweichungen vom intermittierenden Fasten sollten als erlaubte „Ausrutscher“ angenommen werden.
- Die Integration von körperlicher Aktivität in den Alltag kann den Erfolg steigern.

Intervallfasten für Vegetarier und Veganer

Für die meisten ist die Zeit des Fastens ein guter Anlass, sich die eigenen Verhaltensweisen etwas genauer anzuschauen, und auch zu hinterfragen. Während viele Menschen während der Fastenzeit vor allem auf Süßigkeiten oder auch Alkohol verzichten, geht Intervallfasten noch einen Schritt weiter. Es wird auf eine Mahlzeit verzichtet und ein festes Zeitfenster für die Nahrungsaufnahme festgelegt. In dieser Zeit müssen natürlich alle wichtigen Nährstoffe zugeführt werden. Für Vegetarier und Veganer kann das ein Unterfangen sein – muss es aber nicht. Denn auch für Vegetarier und Veganer ist Intervallfasten durchaus geeignet.

Wichtig ist für Vegetarier und Veganer das Gleiche, wie für alle anderen: Dem Körper müssen während des Essenszeitraums über die Ernährung alle lebensnotwendigen Nährstoffe im festgelegten Zeitraum zugeführt werden.

FAQ – Fragen und Antworten rund um das Intervallfasten

Intervallfasten ist ein sehr komplexes Thema. Auch wenn der Ratgeber wirklich alle Möglichkeiten umfasst, kommen hin und wieder doch einige Fragen auf, die schnell beantwortet werden sollen. Und das ist hier möglich.

Was ist Intervallfasten?

Intermittierendes Fasten gilt nicht als Diät. Vielmehr ist es eine langfristige Umstellung der Ernährung. Es wird dabei eine Fastenperiode für einen bestimmten Zeitraum eingebaut, auf die eine Essensperiode folgt.

Warum gilt Intervallfasten als gut für die Gesundheit?

Intervallfasten nimmt positiven Einfluss auf den Blutdruck, den Blutzucker sowie das Cholesterin. Der Körper muss zudem viel Energie für sämtliche Verdauungsprozesse zur Verfügung stellen. Durch den Nahrungsentzug beim Intervallfasten bekommt der Körper eine kleine Pause von der stetigen Verstoffwechselung. Die Körperzellen können sich so besser regenerieren.

Wer kann Intervallfasten durchführen?

Grundsätzlich kann jeder Erwachsene mit dem Intervallfasten beginnen, der für seine Gesundheit und Fitness etwas tun möchte. Bei gesundheitlichen Problemen sowie in bestimmten Lebenssituationen sollte das intermittierende Fasten jedoch mit einem Arzt abgesprochen werden.

Was ist beim Intervallfasten erlaubt?

Grundsätzlich gilt während der Phase des Fastens der Verzicht auf feste Nahrung. Erlaubt sind Wasser, ungesüßter Tee sowie schwarzer Kaffee. Während der Phase des Essens darf gegessen werden, worauf Lust besteht. Jedoch gilt auch hier, dass eine ausgewogene und nährstoffreiche Ernährung wichtig ist. Fast Food und Süßigkeiten, welche lediglich „tote Kalorien" liefern, sollten nicht regelmäßig verzehrt werden. Gleiches gilt natürlich für kalorienreiche Getränke.

Das Frühstück ist aufgrund des Hungers ein Muss – was kann dagegen getan werden?

Der Körper ist gerade zu Beginn des Intervallfastens noch daran gewöhnt, dass er morgens mit Nahrung versorgt wird. Allerdings ist der menschliche Körper sehr anpassungsfähig und so dürfte es nach einer ersten Eingewöhnungsphase von etwa sieben bis zehn Tagen kein Hungergefühl mehr geben. Das gilt auch dann, wenn zu schnell versucht wird, alles umzustellen. Deshalb sollten sämtliche Veränderungen, die mit dem intermittierenden Fasten einhergehen, auch langsam vonstattengehen.

Passen intermittierendes Fasten und Bodybuilding zusammen?

Auch Bodybuilder können mit dem Intervallfasten beginnen. Die Leistungsfähigkeit wird dadurch nicht eingeschränkt. Im Zusammenhang damit stellt sich nur die Frage, wann die beste Zeit für eine Sporteinheit ist. Hier lässt sich sagen, dass das Ende des Fastenzeitraums ein sehr gutes Zeitfenster darstellt. Der Körper kann so direkt nach dem Training mit Nährstoffen versorgt werden, zudem ist die Menge der Wachstumshormone gegen Ende der Fastenphase am höchsten.

Ist Kaffee mit Milch und Zucker während der Fastenperiode erlaubt?

Nein. Milch und Zucker enthalten zu viele Kalorien und sorgen für das Unterbrechen der Fastenphase. Gleiches gilt für Soja- oder auch

Mandelmilch und Süßstoff. Empfohlen wird jedoch so genannter „Bulletproof-Coffee“. Dabei wird im schwarzen Kaffee Butter oder auch Kokosöl aufgelöst. Eine leckere Alternative, die auch gegen den morgendlichen Hunger hilfreich sein kann.

Ist intermittierendes Fasten mit Risiken verbunden?

Natürlich bringt intermittierendes Fasten einige Vorteile mit sich. Doch es können unter Umständen auch Nebenwirkungen auftreten. Diese zeigen sich aber meist nur während der Umstellung am Anfang in Form von Kopfschmerzen, Durchfällen oder auch Verstopfung. Nach einer gewissen Zeit der Eingewöhnung verschwinden diese Nebenwirkungen jedoch von selbst. Klassische Erscheinungen wie Mundgeruch oder auch Übelkeit, die zu den „Entgiftungserscheinungen“ aufgrund der Ernährungsumstellung gehören, gehen aber ebenfalls recht schnell vorüber.

Wer sollte grundsätzlich nicht fasten?

Generell sollten bestimmte Personengruppen nicht fasten. Dazu gehören Kinder, schwangere und stillende Frauen sowie Menschen mit Untergewicht. Auch bei bestimmten gesundheitlichen Problemen ist es nicht ratsam, mit dem Fasten zu beginnen.

Kommt es beim Intervallfasten zu einem Abbau von Muskelmasse?

Intervallfasten trägt keineswegs dazu bei, dass Muskelmasse abgebaut wird. Zunächst greift der Körper nämlich die Glykogenreserven zur Bereitstellung von Energie zur Verfügung. Im Anschluss daran werden überschüssige Aminosäuren abgebaut und dann greift der Körper die Fettreserven an, welche in Energie umgewandelt werden. Es sind also vor den Muskeln noch zahlreiche andere Reserven vorhanden.

Wie lange kann intermittierendes Fasten durchgeführt werden?

Für das Intervallfasten gibt es keine zeitliche Begrenzung. Wenn es sich gut in den Alltag integrieren lässt, ist intermittierendes Fasten ein

Leben lang möglich. Kleine Ausnahmen (z. B. bei Geburtstagsfeiern) sind dabei nicht verboten.

Fastenbrechen – wie sollte dabei vorgegangen werden?

Nicht immer ist Intervallfasten problemlos möglich. Dann kann das Fasten auch gebrochen werden. Dabei sollte allerdings sanft vorgegangen werden. Das heißt, dass es nach dem Fasten keine riesige Portion geben sollte. Wer mit Obst oder auch Gemüse beginnt, vermeidet mögliche Magenbeschwerden.

Werden beim Intervallfasten nicht auch nur Kalorien reduziert?

Beim intermittierenden Fasten geht es nicht per se um die Reduzierung von Kalorien, sondern vielmehr um den Zeitpunkt des Essens. Bei einer kalorienreduzierten Diät hingegen geht es darum, was gegessen wird. Ein Nebeneffekt des Fastens ist natürlich auch die Kalorienreduzierung, aber diese ist nicht das Ziel des Fastens.

Kann mit Intervallfasten Gewicht reduziert werden?

Ja. Intermittierendes Fasten unterstützt die Gewichtsreduktion, sofern während der Essensphasen keine ausgedehnten Fressorgien stattfinden. Das liegt natürlich auch an dem fastenbedingten Kaloriendefizit.

Wie sieht es mit Nahrungsergänzungsmitteln und Medikamenten während der Fastenphase aus?

Die Einnahme von Nahrungsergänzungsmitteln sowie Medikamenten während der Fastenphase ist ein schwieriges Thema. Geht es um die Einnahme von Medikamenten, sollten Fastende mit ihrem Arzt sprechen. Denn unter Umständen kann es passieren, dass die Medikamente nicht mit Intervallfasten „verträglich" sind. Ist die gleichzeitige Einnahme kein Problem, dann ist abzuklären, inwiefern sie während der Fastenphase eingenommen werden können. Sinnvoll ist natürlich die Einnahme während der Phase des Essens, denn dabei kann sichergestellt werden, dass kein Fastenbrechen stattfindet. Gleiches gilt auch für die Anwendung von Nahrungsergänzungsmitteln.

Dürfen während der Fastenphase Zähne geputzt werden?

Während der Fastenphase spricht natürlich nichts gegen das Zähneputzen, wenngleich die Frage ihre Berechtigung hat. Die Zahnpasta sollte aber möglichst nicht geschluckt werden, denn das könnte den Effekt des Fastens möglicherweise stören.

Fazit: Für die Erhaltung der Gesundheit ist Intervallfasten gut geeignet

Intervallfasten hat sich inzwischen zu einem regelrechten Trend gemausert. Absolut zu Recht stellt es jetzt eine der beliebtesten Methoden dar, Körperfett zu verlieren und dadurch die Gesundheit positiv zu beeinflussen.

Dabei ist intermittierendes Fasten keinesfalls mit einer Diät gleichzusetzen. Vielmehr ist es die einfachste und eigentlich auch natürlichste Art des Verzichts auf Nahrung. Das Gute daran: Ein Verzicht auf bestimmte Lebensmittel ist nicht vorgesehen und im Alltag halten sich die Einschränkungen in Grenzen. Intervallfasten ist also absolut alltagstauglich und selbst für Berufstätige sehr einfach umsetzbar.

Grundsätzlich ist es natürlich wichtig, die für den eigenen Alltag passende Methode zu finden. Ist dies aber einmal passiert, lässt sich Intervallfasten mit Erfolg durchführen. Dabei sind gelegentliche Ausnahmen durchaus erlaubt.

In Kombination mit Sport kann Intervallfasten wie ein Booster für die Gesundheit wirken und zu mehr Attraktivität beitragen.

Intervallfasten unterscheidet sich vom herkömmlichen Heilfasten dahin gehend, dass es auch für die dauerhafte Anwendung geeignet ist.

Aus ernährungswissenschaftlicher Sicht deuten die Ergebnisse der bisher noch wenigen Studien darauf hin, dass sich intermittierendes Fasten positiv auf die Gesundheit auszuwirken scheint, da es die Gewichtsabnahme fördert, ohne dabei eine hohe Menge an fettfreier Masse abzubauen. Angesichts der bisher noch geringen Anzahl an Studienergebnissen muss jedoch abgewartet werden, ob es mit anderen Diätformen in Bezug auf den Erfolg gleichwertig ist. Dies ist auch darin begründet, dass Langzeitdaten mit ausreichend vielen Studienteilnehmern noch fehlen.

Da in den meisten Konzepten des Intervallfastens keine oder nur sehr wenige Empfehlungen zur Auswahl von geeigneten Lebensmitteln gegeben ist, lässt sich zunächst nur sagen, dass intermittierendes Fasten nicht zu einer nachhaltigen Ernährungsumstellung führt. Letztlich hängt der Erfolg von Intervallfasten erheblich davon ab, inwiefern während des Fastens auf eine gesunde Ernährung geachtet wird. Eine ausgewogene und nährstoffreiche Ernährung in Kombination mit aktivem Sport dürfte aber Intervallfasten zu einer guten Methode für die Gewichtsreduktion machen.

Impressum

Health Academy wird vertreten durch:

Instyle Supply and Control Limited

20th Floor, Central Tower, 28

Queen‘s Road, Central, HK

Coverbilder

[creativelog] | [Fiverr]

Haftung für externe Links

Das Buch enthält Links zu externen Webseiten Dritter, auf deren Inhalt der Autor keinen Einfluss hat. Deshalb kann für die Inhalte externer Inhalte keine Gewähr übernommen werden. Für die Inhalte der verlinkten Webseiten ist der jeweilige Anbieter oder Betreiber der Webseite verantwortlich. Die verlinkten Seiten wurden zum Zeitpunkt der Verlinkung auf mögliche Rechtsverstöße überprüft. Rechtswidrige Inhalte waren zum Zeitpunkt der Verlinkung nicht erkennbar. Eine permanente inhaltliche Kontrolle der verlinkten Webseiten ist jedoch ohne konkrete Anhaltspunkte einer Rechtsverletzung nicht zumutbar. Bei Bekanntwerden von Rechtsverletzungen werden derartige Links umgehend entfernt.

27288905R00047

Printed in Poland
by Amazon Fulfillment
Poland Sp. z o.o., Wrocław